Platonisches Christentum: Historische und methodische Grundlagen

Über den Autor

Prof. Dr. Enno Edzard Popkes forscht und unterrichtet zum The-
menschwerpunkt ‚Geschichte und Archäologie des frühen Christentums und seiner Umwelt' an der Theologischen Fakultät der
Christian-Albrechts-Universität zu Kiel. Er ist Mitbegründer und
Vorsitzender der „Kieler Akademie für Thanatologie e.V."

Über das Anliegen der Reihe ‚Platonisches Christentum'

Christliche Theologie wurde seit ihren Anfängen durch Auseinandersetzungen mit dem Platonismus geprägt, die verschiedene Formen eines ‚platonischen Christentums' inspirierten. Die Beiträge
der Reihe ‚Platonisches Christentum' nehmen diese Entwicklungen
auf und stellen einen neuen Ansatz zur Diskussion: Jene Erfahrungsmuster, die heute mit dem (unpräzisen) Begriff ‚Nahtoderfahrungen' bezeichnet werden, haben bereits die Entstehung des
Platonismus und des frühen Christentums geprägt. Wissenschaftliche Auseinandersetzungen mit dem Phänomen ‚Tod' im Generellen
und mit sogenannten ‚Nahtoderfahrungen' im Speziellen eröffnen
Zugänge zu neuen Formen platonisch-christlicher Religiosität.

Die Erträge der Editionen dienen der Förderung der Forschungsprojekte der ‚Kieler Akademie für Thanatologie e. V.'

Platonisches Christentum 1

Platonisches Christentum: Historische und methodische Grundlagen

Enno Edzard Popkes

Bibliografische Information der Deutschen Nationalbibliothek:
Die Deutsche Nationalbibliothek verzeichnet diese Publikation
in der Deutschen Nationalbibliografie; detaillierte bibliografische
Daten sind im Internet über http://dnb.dnb.de abrufbar.

Satz und Layout: Gerhild Schiller

© 2019 Popkes, Enno Edzard
Herstellung und Verlag: BoD – Books on Demand, Norderstedt
ISBN: 9783746049885

Inhaltsverzeichnis

Vorwort

Mit der Edition der Bände ‚Platonisches Christentum' verfolge ich
zwei Anliegen. Einerseits möchte ich in allgemeinverständlicher
Sprache die Erträge und die Konsequenzen skizzieren, die sich
für mich aus meinen Studien zur Geschichte des frühen Christentums, zum Platonismus und zu sogenannten ‚Nahtoderfahrungen'
ergeben haben. Andererseits möchte ich eine Diskussion anre-
gen, die nur interdisziplinär und transdisziplinär geführt werden
kann[1]. Beide Anliegen verbindet ein Grundgedanke, der vorausgreifend folgendermaßen umschrieben werden kann: Christliche
Theologie wurde seit ihren Anfängen durch Auseinandersetzungen mit dem Platonismus geprägt, die verschiedene Formen eines
‚platonischen Christentums' inspirierten. Die Beiträge der Reihe
‚Platonisches Christentum' nehmen diese Entwicklungen auf und
stellen einen neuen Ansatz zur Diskussion: Jene Erfahrungsmuster, die heute mit dem (unpräzisen) Begriff ‚Nahtoderfahrungen'
bezeichnet werden, haben bereits die Entstehung des Platonismus
und des frühen Christentums geprägt. Wissenschaftliche Auseinandersetzungen mit dem Phänomen ‚Tod' im Generellen und mit
sogenannten ‚Nahtoderfahrungen' im Speziellen eröffnen Zugänge zu neuen Formen platonisch-christlicher Religiosität.
Die Grundzüge dieses Ansatzes werden in den fünf ersten Teilbänden dargelegt. Zunächst werden die historischen Hintergründe,
die Methodik und die Terminologien dargelegt, auf denen alle folgenden Teilbände basieren (*Band 1: Platonisches Christentum: historische und methodische Grundlagen*). Der zweite Band bringt zur
Geltung, wie früh bereits erste Formen eines platonischen Christentums beobachtet werden können. Dies wird an der Deutung

---

1 Um eine interdisziplinäre und transdisziplinäre Anschlussfähigkeit zu ermöglichen, werden fachspezifische Diskurse nur in einem eingeschränkten Maße dokumentiert. In Bezug auf detaillierte fachspezifische Diskurse verweise ich auf
meine Vorarbeiten und Forschungsprojekte, die im Literaturverzeichnis bzw. in
den Fußnoten angegeben sind.

der Gestalt und der Botschaft Jesu erklärt, die das Thomasevangelium überliefert (*Band 2: Jesus als Begründer eines platonischen Christentums: die Botschaft des Thomasevangeliums*). Wesentliche Bezugsgrößen dieses Konzepts werden im dritten Teilband mit einer Skizze der Theologie Platons dargelegt (*Band 3: Die Theologie Platons: Hintergründe eines platonischen Christentums*). Vor diesem Hintergrund wird erläutert, inwiefern das Thomasevangelium und das Johannesevangelium Kontrastparallelen bilden, die wie in einem Brennglas die Potenziale und Konfliktpotenziale eines platonischen Christentums zutage treten lassen (*Band 4: Das Thomasevangelium und das Johannesevangelium: Wiederbelebungen eines frühchristlichen Diskurses*). Der fünfte Band eröffnet jene neue Zugangsperspektive zu diesem Themenfeld, die in den Folgebänden ausgestaltet wird (*Band 5: Nahtoderfahrungen*: *platonisch-christliche Deutungen*).

> *Leit-These der Beiträge der Reihe ,Platonisches Christentum':*
> Wissenschaftliche Auseinandersetzungen mit dem Phänomen ,Tod' im Generellen und mit sogenannten ,Nahtoderfahrungen' im Speziellen eröffnen Zugänge zu neuen Formen platonisch-christlicher Religiosität.

An der Fertigstellung dieser Bände waren viele Personen beteiligt. Dies gilt nicht nur für meine Mitarbeiterinnen und Mitarbeiter, die den Mühen des Korrekturlesens ausgesetzt waren. Es gilt auch für viele Freundinnen, Freunde und Familienmitglieder, die ich immer wieder mit der Frage konfrontiert habe, ob ich die mir vertraute wissenschaftliche Sprache in eine allgemeinverständliche Sprache ,übersetzen' konnte. Danken möchte ich im besonderen Maße Sarah Perez Kuwald, Swantje Rinker, Jasmin Reschka-Zielke, Femke Schiller, Gerhild Schiller, Ullrich Schiller, Dr. Stephanie Gripentrog-Schedel, Tim Schedel und – last, but not least – meiner Mutter Maria Luise Popkes-Wilts.

Kiel-Kronshagen, im Frühjahr 2019   Enno Edzard Popkes

1. Anliegen und Aufbau

Im ersten Teilband der Reihe ‚Platonisches Christentum' werden die historischen, methodischen und terminologischen Grundlagen erläutert, auf denen die Folgebände basieren. Zunächst soll skizzenhaft angedeutet werden, wie die mit den Begriffen ‚Platonismus' und ‚Christentum' bezeichneten Denkansätze sich in ihrer Geschichte wechselseitig beeinflusst haben und welche Potenziale einem neuen Ansatz zu ihrer Vermittlung innewohnen (2.). Daraufhin wird die historisch-kritische und diskursanalytische Methodik erläutert, mit der die entsprechenden Facetten der Geschichte des frühen Christentums betrachtet werden (3.). Vor diesem Hintergrund kann herausgearbeitet werden, warum ein platonisches Christentum als eine Form einer rationalen Religiosität zu verstehen ist (4.). Abschließend werden die Leit-Thesen der einzelnen Arbeitsschritte nochmals zusammengefasst (5.).

2. Platonisches Christentum: Geschichte und Potenziale

Die Entwicklung des frühen Christentums wurde tiefgreifend durch die Philosophie Platons und platonische Lehrer(innen) und Schulen geprägt[2]. Seit dem frühen Christentum wird jedoch auch diskutiert, ob es so etwas wie ein ‚platonisches Christentum' geben kann. Bis in die Gegenwart hinein ist umstritten, inwiefern zwischen Platonismus und Christentum „eine substantielle Unvereinbarkeit zwischen den jeweils zentralen Elementen"[3] besteht. Die Diskurse führen zu Einschätzungen, die sich zuweilen diametral widersprechen[4]. Einerseits kann gefordert werden, dass die „Entplatonisierung des Christentums [...] eine theologische Aufgabe"[5] sei. Andererseits lassen sich Stimmen vernehmen, denen zufolge auch für weitere Entwicklungen christlicher Theologie „das Potenzial platonischen Denkens keineswegs als erschöpft gelten"[6] darf.

---

2   Repräsentativ für viele entsprechende Einschätzungen hebt W. Pannenberg, Theologie, 37 bzw. 67 hervor: „Keine andere Philosophie der Antike hat die christliche Theologie im Zeitalter ihrer Entstehung und ersten Entwicklung so tief geprägt wie der Platonismus. Dabei reicht es nicht aus, von einem ‚Einfluß' zu sprechen. Es handelt sich vielmehr um einen Vorgang produktiver Rezeption und Assimilation, der konstitutiv ist für die spezifische ‚Wirkungsgeschichte' platonischer Gedanken im Christentum."

3   So aus einer patristischen Zugangsperspektive formuliert von W.-D. Hauschild, Dogmengeschichte I, 17, demzufolge z.B. frühchristliche Theologen zumeist nicht eine „wirkliche Synthese erstrebten ... ; sie adaptierten platonische Denkmuster als Instrumente, um die allgemeine Relevanz der christlichen Wahrheit zu demonstrieren und um theologische Probleme besser lösen zu können." Zu entsprechenden Einschätzungen aus der Zugangsperspektive klassischer Philologie bzw. Philosophiegeschichte H. Dörrie, Theologie, 1-46 bzw. ders., Grenzziehungen, 523, der diesbezüglich auch von einem „christlichen Gegenplatonismus" spricht.

4   Zur Erläuterung der Begriffe ‚Diskurs', ‚Diskursanalyse' ‚Diskurspositionen' etc. vgl. Kapitel 3.5: „Vermittlungen historisch-kritischer und diskursanalytischer Methodologien."

5   Paradigmatisch E. Jüngel, Tod, 73.

6   Vgl. W. Pannenberg, Theologie, 67.

Leit-These 1.1: Bis in die Gegenwart hinein wird diskutiert, ob es ein ‚Platonisches Christentum' überhaupt geben kann oder ob die mit den Begriffen ‚Platonismus' und ‚Christentum' bezeichneten Systeme in zentralen Aspekten nicht miteinander vereinbar sind.

Angesichts derartig gegensätzlicher Einschätzungen soll im folgenden Arbeitsschritt skizziert werden, wie sich die Diskurse geschichtlich entwickelt haben und in welcher Weise sie weiter entfaltet werden können.

Zunächst wird erläutert, warum bereits die Verwendung der Begriffe ‚Platonismus' und ‚Christentum' Probleme bereitet (2.1). Daraufhin werden die frühen Formationen der Diskurse und ihre facettenreichen Wiedergeburten skizziert (2.2 bzw. 2.3). Ebenso wird dargelegt, warum jene Bewegungen, die mit den ebenfalls problematischen Begriffen ‚Gnosis' bzw. ‚gnostisch' bezeichnet werden, lediglich als Nebenwege der Begegnungen von Platonismus und frühem Christentum zu verstehen sind (2.4). Vor diesem Hintergrund kann skizziert werden, worin der neue Ansatz besteht, der mit den Teilbänden der Reihe ‚Platonisches Christentum' zur Diskussion gestellt werden soll. Es handelt sich um die Revitalisierung von Diskursen, die bereits die Geschichte des frühen Christentums geprägt haben und die heute neu zu führen sind. Zunächst wird angedeutet, mit welchen Leitgedanken antik-mediterrane und zeitgenössische Diskurse zueinander in Beziehung gesetzt werden sollen (2.5). Daraufhin wird vorausgreifend ein Themenfeld angesprochen, dem im Rahmen der Reihe ‚Platonisches Christentum' eine besondere Aufmerksamkeit gewidmet wird, nämlich dem Themenfeld ‚Seele', ‚Seelenwachstum' und ‚Seelenwanderung'. Diesbezüglich muss zunächst vergegenwärtigt werden, warum der Begriff ‚Seele' ein Kristallisationspunkt platonisch-christlicher Diskurse ist (2.6). Ebenso wird zur Geltung gebracht, worin Spezifitäten der Seelenwanderungslehre Platons bestehen, die für das zur Diskussion gestellte Verständnis eines platonischen Christentums von zentraler Bedeutung sind (2.7). Daraufhin werden christliche Auseinandersetzungen mit diesen Zügen platonischen Denkens betrachtet (2.8). Eine besondere Aufmerksamkeit verdient dabei das monumentale Werk des Origenes, das einen diskursanalytischen Sonderfall verkörpert (2.9). Zum Abschluss des Kapitels wird erläutert, warum insbesondere Seelenwanderungsvorstellungen eine Differenzierung zwischen einem ‚platonischen Christentum im weiteren Sinne' und einem ‚platonischen Christentum im engeren Sinne' nahelegen (2.10). Weitere Facetten dieser historischen Grundlagen werden in der Form von Exkursen in die Diskussion eingebracht, und zwar einerseits in Bezug auf das Phänomen eines sogenannten ‚Vulgärplatonismus' (Exkurs 1) und andererseits in Bezug auf die Begegnungen von Platonismus und Aristotelismus im Kontext christlicher Theologie (Exkurs 2).

2.1 Die Problematik der Begriffe ‚Platonismus' und ‚Christentum'

In Bezug auf alle Teilbände der Reihe ‚Platonisches Christentum' gilt es, sich kontinuierlich einen Sachverhalt zu vergegenwärtigen, der auf den ersten Blick paradox erscheinen mag: *Den* Platonismus gibt es ebenso wenig wie *das* Christentum. Diesen Begriffen werden vielmehr Schriften, Lehrtraditionen, Vorstellungshorizonte, Diskurspositionen, Diskursträger etc. zugeordnet, die bereits jeweils für sich genommen sehr unterschiedlich sein können. Es handelt sich vielmehr um „Geistesströmung(en)"[7], die zuweilen fließend ineinander übergehen.

---

7   So in Modifikation eines Ansatzes von E. von Ivanka, Plato, 24, der diese Terminologie vor allem auf die facettenreichen Strömungen des antiken Platonismus und ihre Interaktionen mit zeitgenössischen aristotelischen und stoischen Traditionen bezieht.

> *Leit-These 1.2:* Begriffe wie ‚Platonismus' und ‚Christentum' sind Kategorien wissenschaftlicher Beschreibungssprache, mit denen die historischen Phänomene oftmals nicht angemessen erfasst werden können.

Die Problematik von Kategorien wie ‚Platonismus' und ‚Christentum' kann anhand einer parallelen Fragestellung veranschaulicht werden, welche in der jüngeren Forschungsgeschichte intensiv debattiert wurde, nämlich an den Kategorien ‚frühes Judentum' und ‚frühes Christentum'. Diesbezüglich wird seit geraumer Zeit zu Recht kritisch hinterfragt, inwieweit religionshistorisch betrachtet überhaupt angemessen von einem ‚Parting of the Ways' der mit diesen Begriffen bezeichneten Traditionen gesprochen werden kann[8]. Stattdessen können viele Diskurspositionen, die mit wissenschaftlicher Beschreibungssprache als ‚Judenchristentum', ‚Heidenchristentum' oder ‚Gnosis-nahes Christentum' bezeichnet werden, auch als Teilaspekte einer jüdischen Religionsgeschichte zur Geltung gebracht werden[9].

Angesichts dieser methodischen und religionshistorischen Vorbehalte fällt es schwer, Aspekte zu benennen, die ein religiöses System unstrittig als ein ‚christliches System' erweisen. Einige Diskursteilnehmer(innen) könnten zu der Einschätzung neigen, dass ein solches System einen Bezug zu jenen Worten und Taten haben muss, die mit der Gestalt des frühjüdischen Wanderpredigers Jesus von Nazareth in Beziehung gebracht werden. Doch bereits eine solche Einschätzung sieht sich mit einer Frage konfrontiert, welche die Entwicklungsgeschichte historisch-kritischer Exegese seit ihren Anfängen begleitet, nämlich mit der Frage,

---

8   Zu diesen Diskursen vgl. u.a. J. D. G. Dunn, Parting, passim; C. Markschies, Nag-Hammadi-Schriften, 16f. und die instruktiven Beiträge des Sammelbands von A. Y. Reed/A. H. Becker (Hg.), The Ways that never parted, passim.

9   Wie in einem Brennglas treten die damit einhergehenden Probleme einer Kategorisierung an konträren Einschätzungen der Gestalt des Paulus zutage, dessen Biographie und Theologie jene Identitätsfindungsprozesse in analogieloser Weise dokumentieren. Zur Diskussion vgl. u.a. E.-M. Becker, Person, 128-134; J. Frey, Judentum, 5-43.

inwiefern die Gestalt des sogenannten ‚historischen Jesus' bzw. ‚erinnerten Jesus' überhaupt noch greifbar ist bzw. inwiefern die überlieferten Jesus-Bilder nur noch fortgeschrittene Reflexions-ebenen widerspiegeln[10]. So kann z.b. festgehalten werden, dass der Glaube an eine körperliche Auferstehung Jesu und eine damit verbundene sühnetheologische Deutung seines Todes nicht das verbindende Merkmal aller frühchristlichen Systeme war. Gleiches gilt für einen Sachverhalt, der die Problematik von Begriffsdefinitionen veranschaulicht. Selbst die Deutung der Gestalt Jesu als Messias und damit als ‚Christus' kann nicht als das verbindende Element aller antik-mediterranen Systeme bezeichnet werden, die gemeinhin der Kategorie ‚frühes Christentum' zugeordnet werden. Ein prominentes Beispiel hierfür ist das Thomasevangelium, welches ein frühes Zeugnis eines platonischen Christentums ist[11]. In diesem Werk fehlen weitestgehend alttestamentlich-frühjüdische Ansätze einer Deutung der Worte und Taten Jesu. Zuweilen werden sie sogar ausdrücklich abgelehnt (vgl. u.a. EvThom 52; 53). Doch obwohl das Thomasevangelium Jesus nicht als Christus bezeichnet, wäre es religionshistorisch betrachtet unangemessen, es nicht zum Spektrum frühchristlicher Traditionen zu zählen. An einem solchen Zeugnis kann vielmehr erläutert werden, inwiefern Konzepte, die gemeinhin als ‚frühchristlich' bezeichnet werden, zugleich auch als Teilaspekte platonischer Systeme zur Geltung zu bringen sind. Es handelt sich dabei um frühchristliche Systeme, die jenen Aneignungen platonischer Denkansätze ähnlich sind, die bereits in hellenistisch-jüdischen Traditionen zu beobachten sind (exemplarisch sei verwiesen auf die Werke des Religionsphilosophen Philon von Alexandrien und des Historikers Flavius Josephus).

---

10   Zur Geschichte und Komplexität der damit einhergehenden Fragestellungen vgl. die instruktiven Beiträge der Sammelbände von J. Schröter (Hg.), Jesus Christus, passim; J. Herzer/A. Käfer/J. Frey (Hg.), Glaubensaussage, passim; C. Danz/M. Murrmann-Kahl, Jesus, passim.

11   Zu entsprechenden Einschätzungen vgl. Anm. 166.

2.2 Frühe Formationen der Diskurse

Die vielfältigen Gestaltwerdungen christlicher Systeme wurden durch Interaktionen mit ihren jeweiligen kulturellen Kontexten inspiriert. Eine besondere Intensität entfalteten in diesen Prozessen wiederum Auseinandersetzungen mit Denkern, Lehrtraditionen, Vorstellungshorizonten, Diskurspositionen etc., die dem antiken Platonismus zugeordnet werden können[12]. Verschiedentlich wurde die These vertreten, dass die Platonisierung des Christentums ein zentraler Aspekt jener ‚Hellenisierung des Christentums' sei, ohne welche die Entwicklungen altkirchlicher Lehrbildungen nicht angemessen zu verstehen sind[13]. Eine solche Einschätzung ist jedoch – um es vermittelnd auszudrücken – nicht unproblematisch. Sie könnte den Eindruck vermitteln, dass es irgendwann einmal eine noch nicht hellenisierte und ‚unverfälschte' christliche Lehre gegeben haben soll. Dies ist religions- und philosophiegeschichtlich betrachtet unsachgemäß[14]. Vielmehr gab es seit den Anfängen des frühen Christentums verschiedene Systeme, die mehr oder weniger intensiv durch Auseinandersetzungen mit ‚hellenistischen Vorstellungshorizonten' geprägt waren[15]. Bis

---

12 Dabei ist zu beachten, dass Begriffe wie ‚ältere Akademie', ‚skeptische Akademie', ‚Mittelplatonismus', ‚Neuplatonismus' etc. zumeist auf neuzeitliche Kategorisierungen zurückgehen, die nicht den Blick dafür verstellen dürfen, dass die Übergänge zwischen diesen Bereichen fließend und chronologisch uneinheitlich sein können. Vgl. F. Ricken, Akademie, 387-393; C. Tornau, Mittelplatonismus, 401-408 etc.

13 Vgl. u.a. das vielfach rezipierte und diskutierte Diktum von A. von Harnack, Dogmengeschichte Bd. 1, 20: „Das Dogma ist in seiner Conception und in seinem Ausbau ein Werk des griechischen Geistes auf dem Boden des Evangeliums."

14 Gleiches gilt für die Zuordnung der Begriffe ‚hellenistisches Diasporajudentum' und ‚palästinisches Judentum', da der „Hellenismus als Bildungsmacht" innerhalb und außerhalb von Israel/Palästina präsent war (so M. Hengel, Judentum, 120).

15 Aus diesem Grund ist auch der Begriff ‚Hellenisierung des Christentums' nur unter Vorbehalt zu benutzen. Zu den forschungsgeschichtlichen Hintergründen und Implikationen dieses Begriffs vgl. u.a. C. Markschies, Hellenisierung, passim; E. P. Meijering, Hellenisierung, passim.

in die Gegenwart hinein haben sich platonische und christliche Systeme und Denkfiguren aufeinander zu oder voneinander weg bewegt. Die auf diese Weise entstandenen Diskurse betrafen verschiedenste Themenfelder, z.B. das Verständnis von Gott und der Erschaffung der Welt, das Menschenbild, ethische Konzeptionen, das Verständnis erotischer und karitativer Liebe, Vorstellungen von einer postmortalen Existenz etc.[16]
Die Komplexität der Entwicklungsprozesse tritt noch deutlicher zutage, wenn zwischen impliziten und expliziten Begegnungen von antikem Platonismus und frühem Christentum unterschieden wird.

> *Leit-These 1.3:* Obwohl explizite Auseinandersetzungen mit platonischen Denkansätzen erst in christlichen Zeugnissen des zweiten Jahrhunderts dokumentiert sind, lassen sich implizite Bezugnahmen (Diskursfragmente) bereits auf frühesten Entwicklungsstufen christlicher Theologie beobachten.

Als explizite Begegnungen können Meinungsbildungsprozesse bezeichnet werden, in denen die jeweiligen Diskursteilnehmer(innen) Rekurse auf platonische oder christliche Konzepte unmissverständlich als solche kenntlich gemacht haben. Von impliziten Begegnungen kann gesprochen werden, wenn in entsprechenden Reflexionsprozessen Denkmuster begegnen, bei denen eine christliche oder platonische Herkunft möglich erscheint, aber nicht benannt wurde. Für derartige Phänomene wird zuweilen der Begriff ‚Vulgärplatonismus' verwendet, der in einem Exkurs erläutert werden soll.

---

16 Zur Skizze thematischer Berührungen platonischer und christlicher Systeme vgl. W. Beierwaltes, Platonismus, 7-24; W. Pannenberg, Philosophie, 37-68 etc.

Exkurs 1: Das Phänomen ‚Vulgärplatonismus'

In vielen frühjüdischen und frühchristlichen Zeugnissen lassen sich Analogien zu oder Abgrenzungen von platonischen Denkansätzen beobachten, ohne dass dieselben explizit als solche kenntlich gemacht wurden. Exemplarisch sei verwiesen auf die anthropologischen Züge der frühjüdisch-weisheitlichen Schrift ‚Sapientia Salomonis' (vgl. u.a. SapSal 8,19f.; 9,15), auf die von Paulus in 1 Kor 15* debattierten und kritisierten Auferstehungsvorstellungen und auf die platonische Deutung der Gestalt und Botschaft Jesu, welche das Thomasevangelium überliefert (vgl. v.a. EvThom 7/49/50/83/84 etc.). In wissenschaftlicher Beschreibungssprache werden derartige Phänomene zuweilen despektierlich als ‚Vulgärplatonismus' bezeichnet, der einen ‚diffundierenden Platonismus' widerspiegelt[17]. Dieser Sachverhalt kann eindrücklich an den sogenannten ‚Nag-Hammadi-Kodizes' erläutert werden. Auch wenn viele dieser Traktate deutliche Bezüge zu platonischem Gedankengut aufweisen[18], so begegnen in ihnen keine explizit kenntlich gemachten Zitate eines platonischen Dialogs oder eines in der Tradition Platons stehenden Denkers. Dies gilt sogar für einen Text wie NHC VI,5, der unstrittig als eine Übersetzung des Mythos von den unterschiedlichen

---

17 Vgl. H. Dörrie, Platonismus, 46: „Der Terminus Vulgärplatonismus bezeichnet eine Variante des diffundierenden Platonismus. Nicht selten sind Elemente des Platonismus von Nicht-Philosophen aufgegriffen, verändert und vereinfacht worden. [...] Im Unterschied zum Schulplatonismus ist am Vulgärplatonismus keine Systematik, keine διαδοχή, keine festgeprägte Überlieferung zu erkennen; es handelt sich hierbei um Ausstrahlungen des eigentlichen Platonismus."

18 Gleichwohl scheinen viele Schriften entsprechende Diskurse vorauszusetzen. Neben den entsprechenden Traditionen des Thomasevangeliums sei exemplarisch auf den Traktat ‚Marsanes' (NHC X,1) verwiesen, den B. A. Pearson, Platonism, 158 als „intellectual interaction between Gnostics and Platonist scholars" bezeichnet bzw. auf die anthropologischen Züge des sogenannten ‚Rheginusbriefs' (NHC I,4), der H.-M. Schenke, Rheginus, 31 zufolge „mit den Augen eines heidnischen oder christlichen Platonikers des 2. Jh. n. Chr. (ge)lesen" werden muss. Zur Skizze weiterer Beispiele vgl. J. D. Turner, Reception, 38-42.

Anteilen der menschlichen Seele identifiziert werden kann, den Platon in seinem Dialog *Politeia* entfaltet (Platon, Polit. 588 a – 589 b). Diese Übersetzung ist freilich nicht nur ausgesprochen misslungen, sondern sie lässt auch nicht erkennen, dass überhaupt noch bekannt war, auf wen dieser Mythos eigentlich zurückgeht[19]. Gleichwohl verdienen religionshistorisch betrachtet auch diese Formen einer Wirkungsgeschichte platonischen Denkens Aufmerksamkeit, da sie partiell veranschaulichen, dass entsprechende Welt- und Menschenbilder als subjektiv plausible Denkstrukturen wahrgenommen wurden[20].

Signifikante Beispiele für frühe Bezugnahmen auf Platon bzw. platonische Texte, die von christlichen Denkern explizit als solche benannt wurden, finden sich u.a. bei Valentin und Justin, dem Märtyrer[21]. In ihren Beiträgen zeichnen sich Konstellationen der Diskurse ab, welche in späteren Entwicklungsphasen vielfach variiert wurden. Paradigmatisch hierfür ist jenes von

---

19 Nachdem bereits J. Brashler, Plato, 325 diese Übersetzung als „a disastrous failure" und „hopelessly confused" bezeichnet hatte, konstatierte H.-M. Schenke, Platon, 356 treffend: „Was man noch wissen möchte, ist vor allem, wann und wie auf diesem Wege eigentlich in Vergessenheit geriet, daß es sich um einen Platon-Text handelt. Wenn man nun nach der ‚natürlichsten' Antwort auf diese Frage sucht, kann man leicht auf den Gedanken kommen, daß es nach dem ersten Mißgeschick einfach noch ein zweites gab: Erst wäre in der Schule einer an einer Platon-Übersetzung gescheitert, und den ausrangierten Übungspapyrus hätte dann ein anderer entdeckt und darin eine ‚Offenbarung' gesehen."

20 Entsprechend resümiert H. Dörrie, Platonismus, 46, dass „die Bedeutung und die Wirksamkeit des Platonismus auch daran abzulesen [ist], daß sich um den eigentlichen Platonismus herum eine Aura bildete, die seine Ausstrahlungen teils aufnahm, teils verdunkelte."

21 Zu den Wirkungszeiten, die jeweils um die Mitte des zweiten Jahrhunderts zu verorten sind, vgl. C. Markschies, Valentinus, 388-391 bzw. K. Greschat/M. Tilly, Dialog, 17ff. Eine Sonderstellung in der Frage früher expliziter Bezugnahmen auf Platon durch christliche Autoren nimmt die Schrift *De resurrectione mortuorum* ein, bei der unklar ist, inwiefern sie von Athenagoras von Athen verfasst wurde bzw. inwiefern sie ihm lediglich zugeschrieben wurde und bereits die christentumskritischen Ausführungen des Mittelplatonikers Kelsos vorausgesetzt und kritisiert (zur Diskussion vgl. N. Kiel, Ps-Athenagoras, passim).

Justin literarisch stilisierte Gespräch, das gemäß seiner lateinischen Überlieferung als *Dialogus cum Tryphone Judaeo* bezeichnet wird. In diesem Rahmen nimmt Justin nicht nur verschiedentlich auf Platon Bezug, sondern dokumentiert zugleich das Phänomen einer subversiven Aneignung. Einerseits lässt Justin den älteren Gesprächspartner ausgerechnet „in einer Art sokratischem Dialog die Unzulänglichkeit der platonischen Lehre"[22] darlegen. Andererseits lassen die von ihm dargebrachten Argumente ihrerseits eine große Nähe zu platonischen Denkansätzen erkennen[23].

Eine noch offenere Haltung gegenüber Platon lässt sich demgegenüber bei Valentin beobachten, der für die vorliegende Themenstellung in vielfacher Hinsicht von Relevanz ist. Dies gilt vor allem für die Frage, in welchem Verhältnis die nur fragmentarisch überlieferten Traditionen zu Valentin in die Geschichte sogenannter ‚gnostischer Systeme' eingeordnet werden können (zur Problematik der Terminologie ‚Gnosis', ‚gnostisch' bzw. ‚Gnostizismus' vgl. Kapitel 2.4). Auch wenn Valentin inzwischen vielfach nicht mehr als der Gründer einer ‚gnostischen Schultradition' wie dem Valentinianismus gesehen wird, so lassen die mit seinem Namen verbundenen Textfragmente eindrücklich einen „biblischen Platonismus"[24] erkennen, der einerseits in der Tradition des frühjüdischen Mittelplatonikers Philon von Alexandrien steht und der andererseits einem christlichen Denker wie Clemens Alexandrinus

---

22 So treffend K. Greschat/M. Tilly, Dialog, 10. Zur Rezeption platonischer Denkschemata vgl. ferner D. Cürsgen, Rationalität, 160f.; E. Pagels, Theologie, 97-130; M. Maritano, Giustino Martire, 231-281.

23 Zu diesen Aspekten vgl. S. Heid/C. Riedweg, Art. Iustin, 801ff.; C. Tornau, Kirchenvater, 423f.

24 So C. Markschies, Valentinus, 404f., der zu folgendem Resümee gelangt: „Ich verstehe den Valentin, wie ihn uns die Fragmente zeigen, als ein Verbindungsglied zwischen Philo und Clemens. Seine Fragmente erhellen nicht primär die Geschichte des Gnostizismus, sondern eher noch die dunkle Geschichte des frühen alexandrinischen Christentums und seiner Theologie." Dies in expliziter Abgrenzung zu B. Layton, Scriptures, XIIf., demzufolge Valentinus bereits vorliegende gnostische Konzepte rezipiert und modifiziert.

den Weg bereitet[25].

Die skizzierten Traditionslinien führen wiederum zu einer Gestalt, die für das Verständnis impliziter und expliziter Begegnungen von Platonismus und frühem Christentum von besonderer
Relevanz ist, nämlich zu Origenes. In der Persönlichkeit und den
Werken des Origenes erreichte „die theologische Reflexion des antiken Christentums erstmals das zeitgenössische Niveau fachphi-
losophischer Diskussionen und die biblische Exegese Standards
wissenschaftlicher Textkommentierungen"[26]. Dass das Werk Platons bzw. platonische Denkansätze dabei wichtige Bezugsgrößen
bildeten, lässt sich an vielen Themenfeldern erläutern, und zwar
sowohl in Bezug auf kritische Ablehnungen derselben, als auch
in Bezug auf produktive Aneignungen[27]. Einen Sonderfall verkörpert diesbezüglich wiederum das zwischen 245 und 248 n. Chr.
entstandene Spätwerk *Contra Celsum*[28], welches in der Geschichte
der Begegnung von Platonismus und frühem Christentum eine
in mehrfacher Hinsicht außergewöhnliche Diskurskonstellation
zu erkennen gibt. Zum einen wäre ohne *Contra Celsum* die wohl
älteste explizite Kritik eines platonisch orientierten Denkers am

---

25 Bereits bei Clemens Alexandrinus wird erkennbar, in welcher Weise platonische und paulinische Ansätze einer Soteriologie zueinander in Beziehung gesetzt
werden konnten. Paradigmatisch hierfür die Einschätzung von D. Wyrwa, Platonaneignung, 210 in Bezug auf das Verhältnis von Plato, Phaid 64 a 4-6; 65 c 11-d
2; 66 b 5-7 und Röm 7,24: „Die Paulusstelle bringt aus dem Blick des Christen die
Verfallenheit des unerlösten Menschen an Sünde und Tod zum Ausdruck. Clemens
erkennt richtig, daß für Paulus nicht der Körper an sich, nicht dessen Materialität
schlecht und böse ist, sondern die vorgegebene Ausrichtung des ganzen Menschen
zur Sünde hin [...] Das Platon mit Paulus Verbindende ist insoweit in Clemens'
Augen [...] die pessimistische Anthropologie, insofern beide von der Erlösungsbe-
dürftigkeit des vorfindlichen, natürlichen Menschen überzeugt sind."

26 So treffend C. Markschies, Origenes, 1.

27 Wertvolle Einsichten in derartige Phänomene bieten die instruktiven Beiträge
des Sammelbands von B. Bäbler/H.G. Nesselrath (Hg.), Origenes, passim.

28 Zur Datierung und Einordnung dieser Schrift im Gesamtwerk des Origenes vgl.
J. Arnold, Kelsos, passim; M. Fiedrowicz, Contra Celsum I, 9f.; H. Lona, Kelsos,
passim.

frühen Christentum nicht mehr bekannt[29]. Zum anderen formulierte Kelsos in seiner schon zwischen 177 und 180 n. Chr. verfassten Schrift *Alethes Logos* Kritikpunkte gegenüber christlichen Welt- und Menschenbildern, die inhaltlich-sachlich betrachtet neuzeitliche Entwicklungen vorwegnehmen (zentrale Inhalte „dieses ersten Generalangriffs eines Philosophen auf das Christentum"[30] sind z.b. die Vorstellung einer körperlichen Auferstehung, sühnetheologische Deutungen des Todes Jesu, die Jesus zugeschriebenen Wunder und Heilungen, die legendarischen Erzählungen von der Geburt Jesu etc.). Gleichwohl lässt auch die zuweilen scharfe Kritik des Origenes an Kelsos ihrerseits deutliche Züge platonischen Denkens erkennen[31]. Diese Aspekte sind auch für die diskursanalytischen Zugangsperspektiven der Teilbände der Reihe ‚Platonisches Christentum' von hoher Relevanz. Denn obwohl seit der Spätantike verschiedene Varianten des Vorwurfs diskutiert wurden, dass Origenes „(zu sehr) Platoniker" sei, „um noch als rechter Christ gelten zu können"[32], ist diskursanalytisch betrachtet unstrittig, dass seine Diskussionsbeiträge wie in einem Brennglas die Potenziale und Konfliktpotenziale derartiger Vermittlungen zutage treten lassen.

Der skizzierte Sachverhalt entspricht der eingangs angesprochenen Frage, inwieweit es so etwas wie einen ‚christianisierten Platonismus' oder ein ‚platonisiertes Christentum' überhaupt

---

29 Zur Profilierung der mittelplatonischen Charakteristika des Kelsos, der von Origenes zu Unrecht als Epikuräer eingeführt wird, vgl. M. Fiedrowicz, Contra Celsum I, 13-38.

30 So W. Schröder, Athen, 22. Zu einer Skizze entsprechender Argumente vgl. H. Lona, Kelsos, passim; W. Löhr, Deutungen, 546-552.

31 Ausführlich hierzu zuletzt A. Villani, Origenes, 109-128 bzw. das entsprechende Fazit von H.-G. Nesselrath, Einleitung, 9, demzufolge „Platon zum einen in der polemischen Strategie des Origenes gegen Kelsos eine wichtige Rolle spielt, dass aber unabhängig davon Origenes' eigenes Urteil über Platon und seine Lehren ein bemerkenswert differenziertes und positives ist und dass Platon und der Platonismus auf das in *Contra Celsum* zutagetretende Denken des Origenes mehrfach bedeutenden Einfluss ausgeübt haben [...]".

32 Zu diesen Traditionen vgl. P. Gemeinhardt, Origenes, 52.

geben kann. An dieser Frage treten die zuweilen völlig konträren Einschätzungen zutage, in welchem Verhältnis die jeweiligen
Systeme eigentlich zueinander stehen. Das Spektrum konträrer
Haltungen lässt sich mit Einschätzungen veranschaulichen, die
bereits in frühen Formationen des Diskurses formuliert wurden.
So konnte z.B. Tertullian, der als der (wohl) erste in lateinischer
Sprache schreibende Theologe das Christentum als einen potenti-
ell positiven Bestandteil des *Imperium Romanum* zu verteidigen
versuchte[33], eine kritische Gegenüberstellung platonischen und
christlichen Denkens formulieren, welche der Sache nach oftmals
wiederholt wurde:

Tert., Praescr. VII 8-13: „Was haben also Athen und Jerusalem
gemeinsam, was die Akademie und die Kirche, was Häretiker
mit Christen? Unsere Unterweisung kommt aus der ‚Halle Salomos' [...], der dazu in eigener Person gelehrt hatte, daß man
den Herrn ‚in der Einfalt des Herzens' suchen müsse [...]. Sollen
diejenigen für sich zusehen, die ein stoisches, ein platonisches,
ein dialektisches Christentum hervorgebracht haben (*Viderint qui
Stoicum et Platonicum et dialecticum christianismum protulerunt*).
Für uns ist Wißbegier keine Notwendigkeit seit Jesus Christus,
Forschung kein Bedürfnis seit dem Evangelium. Indem wir glauben, verlangen wir, nichts darüber zu glauben. Dies glauben wir
nämlich zunächst: daß es nichts gibt, was wir darüber hinaus
glauben müßten."[34]

Diese Einschätzung, welche sowohl die rhetorische Kunstfer-
tigkeit als auch die polemische Emotionalität der Schriften des
Nordafrikaners plastisch vor Augen führt, widerspricht freilich
nicht nur weiteren Zügen von Tertullians eigenen Werken, son-

---

33 Zu dieser u.a. in seinem Werk *Apologeticum* signifikant zutage tretenden Intention vgl. E. Osborn, Tertullian, 225ff.

34 Zur Textedition und Übersetzung vgl. D. Schleyer, De Praescriptione Haereticorum, 244f.

dern auch der „Wahrheit des geschichtlichen Sachverhaltes"[35]. Einflüsse platonischen Denkens lassen sich nicht nur inhaltlich-sachlich in vielen altkirchlichen Formierungsprozessen aufweisen, sondern sie werden oftmals explizit als solche begrüßt[36]. Exemplarisch für einen solchen Kontrapunkt sei auf die Stimme eines Denkers verwiesen, der nicht nur als einer der bedeutendsten und wirkungsmächtigsten Theologen des Christentums verstanden werden kann, sondern der auch die abendländische Philosophiegeschichte maßgeblich prägte und sich seinerseits früh mit platonischen Lehrern und Denkmustern auseinandergesetzt hatte[37]. Im Rahmen einer Erörterung der Stärken und Schwächen verschiedener Philosophen und ihrer Schulen formuliert Augustinus ein Lob über Platon, welches kaum überboten werden kann:

Aug., De Civitate VIII,5: „Wenn also Platon sagte, weise sei, wer diesen Gott nachahme, erkenne und liebe, und glückselig, wer an ihm teilhabe, wozu dann noch die übrigen durchmustern. Keine anderen sind uns so nahe gekommen wie er und seine Schule. (*Nulli nobis quam isti proprius accesserunt*)."[38]

---

35 So W. Beierwaltes, Platonismus, 7. Die zitierte These entspricht der speziellen Intention der Schrift *De Praescriptione Haereticorum*, in welcher der im römischen Recht geschulte Jurist Tertullian darlegen möchte, dass sich Christinnen und Christen gar nicht erst auf ‚Verhandlungen' mit Kontrahenten einlassen sollen, die nicht auf einem gemeinsamen Fundament stehen. Entsprechend bezieht sich seine Kritik vor allem auf Vertreter sogenannter gnostischer Gruppierungen, die sich u.a. auch auf platonische Traditionen berufen (zur platonischen Kritik an derartigen Vereinnahmungen vgl. Kapitel 2.4).

36 Dies gilt selbst für Themenfelder, wo derartige Aneignungsprozesse weniger zu erwarten wären. Zu entsprechenden Ausführungen in Bezug auf Motive einer Körperlichkeit göttlicher Entitäten vgl. C. Markschies, Körper, 146-178 etc.

37 Zu den verschiedenen Einflüssen mittel- und neuplatonischer Konzeptionen vgl. V. H. Drecoll, Mittelplatonismus, 67f.; ders., Neuplatonismus, 73; C. Tornau, Kirchenväter, 430f. Dabei ist zu beachten, dass Augustinus die Dialoge Platons und die Texte Plotins nicht im Original, sondern in Gestalt von Übersetzungen und systematisierten Platon- und Plotin-Bildern wahrgenommen hat.

38 Zur Texttradition und Übersetzung vgl. W. Thimme/C. Andresen, Gottesstaat, 418 bzw. G. Babelotzky, Platonische Bilder, 45, der hierin zu Recht „das höchste Lob" erkennt, dass „ein Christ heidnischen Philosophen" geben kann.

Zu dieser Einschätzung lassen sich viele sachliche Analogien im Werk des Kirchenvaters von Hippo benennen, u.a. im Kontext seiner autobiographischen Beschreibung seiner Bekehrung zum Christentum. Sie entsprechen auch vielen Stimmen der griechischen Kirchenväter. Exemplarisch sei diesbezüglich verwiesen auf die Werke von Euseb von Cäsarea, von den drei Kappadoziern Basilios, Gregor von Nyssa bzw. Gregor von Nazianz oder von Pseudo-Dionysius Areopagita[39]. So widmete z.B. bereits Euseb in seiner *Praeparatio evangelica* Platon eine hohe Aufmerksamkeit (P.e. XI-XIII). Er wollte darlegen, dass keine andere Philosophie der antik-mediterranen Geistesgeschichte den alttestamentlich-frühjüdischen Vorgaben der frühchristlichen Traditionen in vergleichbarer Weise nahesteht. Euseb fasst seine Hochschätzung und Kritik schließlich mit folgenden Worten zusammen:

„ ... ich selber verehre den Mann sehr, ja ich schätze ihn als einen Freund unter allen Griechen und ich ehre seine mir lieben und mit meinen verwandten Auffassungen, wenn sie auch nicht in jeder Hinsicht gleich sind, habe aber das Unvollkommene seines Denkens im Vergleich zu Mose und den Propheten unter den Hebräern aufgezeigt." (Euseb, P.e. XIII 18,17[40]).

Im Sinne einer solchen christlichen Aneignung platonischer Vorgaben entwirft Gregor von Nyssa in seinen Werken *Apologia in hexaemeron* und *De officio hominis* eine Vermittlung biblischer Schöpfungsvorstellungen mit dem Dialog *Timaios*, die „eine philosophischen Ansprüchen genügende christliche Kosmogonie

---

39   Zu entsprechenden Konzepten vgl. F. Schupp, Geschichte, 39ff.
40   Zum Übersetzungsvorschlag vgl. J. Ulrich, Euseb, 78,

schafft"[41]. Entsprechend stilisiert der nicht genauer zu identi-
fizierende Verfasser des *Corpus Dionysiacum* in Rekurs auf vor
allem neuplatonische Reformulierungen der Philosophie Platons
eine mystische Theologie und eine Beschreibung himmlischer und
kirchlicher Hierarchien, deren Bedeutung für die Ausbildung einer
spezifisch christlichen Mystik kaum überschätzt werden kann[42].
Es würde jedoch zu kurz greifen, wenn lediglich betrachtet wird,
auf welchen Themenfeldern Platonismus und Christentum einander begegnet sind, sondern es muss auch berücksichtigt werden,
wie sich diese Begegnungen konkret vollzogen haben. Die jeweiligen Systeme gehen nämlich mit bildungs- und institutionen-
geschichtlichen Entwicklungen einher, die auch ihre wechselsei-
tigen Interaktionen geprägt haben. Bereits für das Verständnis
des *Corpus Platonicum* ist es von grundlegender Bedeutung, dass
die von Platon verfassten Dialoge nur Teilaspekte seines Denkens
abbilden. Nicht zuletzt die Diskussionen um seine in verschiedenen Kontexten formulierte ‚Kritik der Schriftlichkeit' und die
sogenannten ‚ungeschriebenen Lehren' dokumentieren eindrücklich, dass die von Platon um ca. 387 v. Chr. in Athen gegründete
Akademie eine zentrale Funktion in der Vermittlung seiner Philosophie einnahm[43]. Auch wenn nach dem Tod Platons die nachfolgenden Leiter der Akademie zuweilen sehr unterschiedliche Neu-

---

41 So C. Tornau, Kirchenväter, 429, der die Entwicklungsschritte gegenüber vorhergehenden Platon-Rezeptionen treffend zusammenfasst: „Was bei Origenes, Euseb und anderen noch Gegenstand der Debatte war, erscheint hier als gesichertes
Gut. In seinen Schriften über die Erschaffung der Welt und des Menschen hat Gregor in der Nachfolge und Überbietung Philons eine Genesis-Exegese vorgelegt, die
sämtliche Motive des *Timaios* aufnimmt, die von Platon offen gelassenen Fragen
im christlichen Sinne beantwortet [...]". Grundlegend hierzu C. Köckert, Kosmologie, 400ff.

42 Entsprechend erkennt V. Leppin, Mystik, 25 in diesem Werk einen Höhe-
punkt eines ‚christlichen Neuplatonismus'. Zur Rezeption platonischen Denkens
im *Corpus Dionysiacum* ferner u.a. J. Halfwassen, Plotin, 167-171; W. Beierwaltes,
Platonismus, 85ff.

43 Diesbezüglich verweise ich auf meine Vorarbeiten in E. E. Popkes, Erfahrungen I, 104-110 und auf den dritten Teilband der Reihe ‚Platonisches Christentum':
Die Theologie Platons: Hintergründe eines platonischen Christentums; Kapitel 2.

formierungen platonischen Denkens propagiert haben, so blieb ein Schulbetrieb ein konstitutives Merkmal dieser Bewegung. Dies gilt keineswegs nur für die in Athen beheimatete Akademie. Vielmehr nahm im antik-mediterranen Raum die Zahl der Lehrer und Schulen stetig zu, die sich dem Erbe und der Entfaltung platonischen Denkens verpflichtet fühlten[44].

Ausbildungen von Schulen prägten jedoch auch die Entwicklungsgeschichte des frühen Christentums. Nachdem bereits in Bezug auf Paulus und Johannes Traditionen überliefert wurden, dass sie einzelne Schulen gegründet haben sollen[45], kann die rasche Ausbreitung des Christentums nicht unabhängig von einer systematisierten Lehrfassung zentraler Glaubensinhalte und deren organisierten Vermittlungen verstanden werden[46]. In der sukzessiven Ausbildung entsprechender Lehrbetriebe tritt in deutlicher Weise die Auseinandersetzung christlicher Traditionsbildungen mit dem facettenreichen Spektrum eines antiken Schulwesens zutage. Dabei kam es verschiedentlich zu Konkurrenzsituationen zwischen christlichen und nicht-christlichen Personen und Institutionen. So konnte z.B. der Mittelplatoniker Kelsos in seiner nur fragmen-

---

44 Zu entsprechenden geschichtlichen Überlieferungen zur Athener Akademie vgl. u.a. M. Baltes, School, 249-273; J. D. Dillon, Heirs, passim; S. Rebenich, Akademie, 40-56; E. Watts, Justinian, 168-182 etc. Zur namentlichen Identifikation und geographischen Verortung platonischer Lehrer und Schulen in der antik-mediterranen Philosophiegeschichte vgl. F. Ferrari, Mittelplatonismus, 547-554; W. L. Gombocz, Philosophie, 17-133 bzw. 151-228; H. Dörries, Platonismus, passim.

45 Vgl. u.a. T. Vegge, Schulwesen, passim; M. Hengel, Frage, 219ff.

46 Exemplarisch sei auf die Entwicklungsgeschichte der Strukturen eines Katechumenats verwiesen, welches z.B. die Vorbereitung auf die Taufe und die damit verbundene Aufnahme in die Kirche regelte. Vgl. C. Fleck, Katechese, 22ff. bzw. K. Niederwimmer, Didache, 83, der die ethischen Instruktionen der ersten Kapitel der sogenannten ‚Didache' (Did 1,1-6,2), also der Sammlung der ältesten Kirchenordnungen, als „Taufkatechese" einstuft. In Bezug auf die grundlegende Frage, wie sich die entstehenden Gemeinden zu bereits bestehenden Schulformen verhalten sollten, konstatiert P. Gemeinhardt, Bildung, 487: „Die pagane Schulbildung ist ein Thema, das das Christentum von den Anfängen bis in die Spätantike (und weit darüber hinaus) beschäftigt hat – zu unterschiedlichen Zeiten, in unterschiedlichen literarischen und sozialen Kontexten und mit unterschiedlichen Antworten auf die Frage, ob, wie und in welchem Maße man sich Bildung aneignen soll."

tarisch überlieferten Schrift ‚Wahrer Logos' den Vorwurf formulieren, dass der christliche Glaube eine „Religion der Dummen"[47] sei. Andererseits konnte Origenes in seiner kritischen Auseinandersetzung mit diesem Werk hervorheben, dass platonische Lehreinrichtungen nur für kleine, elitäre Kreise zugänglich wären und dass demgegenüber z.B. das christliche Katechumenat einer breiten Masse von Menschen aus unterschiedlichen gesellschaftlichen Ständen offen steht.

Derartige Diskurse konnten auch – um es zurückhaltend zu formulieren – grundlegende Maßstäbe einer ‚kommunikativen Kompetenz' verlieren. So hebt z.B. der Neuplatoniker Porphyrios in seiner ebenfalls nur fragmentarisch überlieferten Schrift *Contra Christianos* hervor, dass er ‚aus Hass' begonnen habe, gegen die aus seiner Sicht inakzeptable Lehre der Christen vorzugehen[48]. Dabei formulierte er ähnlich wie vor ihm bereits Kelsos den Vorwurf, dass die ihm bekannte christliche Lehre nicht nur intellektuell inakzeptabel sei, sondern dass ihr Absolutheitsanspruch auch eine gesellschaftliche Gefahr in sich bergen würde. Sie könne die Vielfältigkeit und das tolerante Nebeneinander unterschiedlicher

---

47 So C. Andresen, Logos, 169, der die Vorwürfe des Kelsos folgendermaßen paraphrasiert: „Das Christentum ist die Religion der Dummen und der Verdummung, weil es sich von jenem Geistesstrom der Überlieferung gelöst hat, der uns als Alethes Logos zur wahren Vernünftigkeit und Erkenntnis führt. Weil die Christen sich nicht mit den ‚Lehren' der Philosophen und ‚Wegleiter' beschäftigen, darum sind sie der ‚Idiotie' anheimgefallen. Und umgekehrt, weil die Christen ungebildet sind, darum haben sie an den geistigen Schätzen der Vergangenheit keinen Anteil." Zur historischen Profilierung entsprechender Vorwürfe vgl. C. Markschies, Christentum, 17; J. Lauster, Verzauberung, 85 etc.

48 Zu entsprechenden Überlieferungen, die Porphyrios als einen ehemaligen Christen darstellen, der sich nach einer Schlägerei zwischen Platonikern und Christen vom christlichen Glauben abgewandt haben soll, vgl. M. Becker, Porphyrios, 6f. bzw. 19.

philosophischer und religiöser Gruppierungen bedrohen[49]. Diese Einschätzung sollte sich wenige Jahre nach dem Tod des Porphyrios bestätigen – und zwar u.a. auch in Bezug auf dessen eigenes Werk. Jener (um es mit den Worten von Gotthold Ephraim Lessing zu sagen) „ohne Zweifel gefährlichste Angriff"[50], den Porphyrios in *Contra Christianos* formulierte, wurde im Zuge der sogenannten ‚konstantinischen Wende' illegitim. Konstantin selbst soll im Jahr 324 n. Chr. die Vernichtung der Schrift und damit „die erste Bücherverbrennung der christlichen Ära" angeordnet haben[51].

Von christlicher Seite konnte es sogar zu Agitationen gegen Lehreinrichtungen kommen, die mit einer christlichen Ethik in keiner Weise vereinbar sind. Dies konnte sich sowohl gegen Vertreter(innen) eines platonischen Christentums richten, die sich aus der Sicht ihrer Kontrahenten zu sehr von traditionellen Denkansätzen entfernt hatten (exemplarisch sei verwiesen auf die entsprechenden Geschehnisse im Kontext der sogenannten origenistischen Streitigkeiten[52]). Zuweilen konnten derartige Konflikte auch zu Exzessen exorbitanter Gewalt ausarten (das eventuell

---

49 Grundlegend hierzu zuletzt die instruktiven Beiträge des Sammelbandes von I. Männlein-Robert (Hg.), Bedrohung, passim. Die Bedeutung der überlieferten Fragmente dieser Schrift beschreibt bereits kein Geringerer als A. von Harnack, Mission, 521 mit folgenden Worten: „Dort, wohin Porphyrius den Streit zwischen religionsphilosophischer Wissenschaft und Christentum versetzt hat, liegt er noch heute; auch heute noch ist Porphyrius nicht widerlegt."

50 Vgl. G. E. Lessing, Anti-Goeze IV, 240. Wirkungsgeschichtlich ist zu beachten, dass Lessing diese Bezeichnung jener spätantiken Kritik speziell am Christentum im Zuge des sogenannten Fragmentenstreits formulierte, in dessen Zusammenhang Hermann Samuel Reimarus u.a. auch die Frage aufgeworfen hatte, inwieweit die Vorwürfe von Kelsos und Porphyrios es verdient gehabt hätten, neu gehört zu werden. Entsprechend war M. Fick, Lessing-Handbuch, 409 zufolge das Anliegen Lessings in Bezug auf die Erwägungen von Reimarus: „Es ist die Diskrepanz zwischen der weiten Verbreitung, die die Ideen des Reimarus in den Köpfen der Leute inzwischen gefunden haben, und dem von der offiziellen Kirche aufrecht erhaltenen Verbot, diese Ideen zu artikulieren und über sie zu diskutieren."

51 So W. Schröder, Wiederkehr, 30 Anm. 5. Zu entsprechenden Traditionen vgl. ferner A. Smith, Porphyrius, 30.

52 Grundlegend hierzu A. Hasse-Ungeheuer, Mönchtum, 50f. bzw. 219ff., A. M. Casidy, Evagrius, 23-35.

prominenteste Beispiel hierfür sind die historisch nicht präzise
zu bestimmenden Vorgänge im Vorfeld und während der brutalen
Ermordung der neuplatonisch orientierten Lehrerin Hypatia in
Alexandria im Jahre 415 n. Chr.[53]). Infolge derartiger Entwicklungen kam es schließlich auch zur Schließung jener in vielfacher
Hinsicht wegweisenden Schuleinrichtung der Antike, nämlich der
von Platon gegründeten Akademie in Athen, die im Zuge der reli-
gionspolitischen Agitationen des Kaisers Justinian I. im Jahr 529
n. Chr. illegitim wurde[54].

Die skizzierten Formationen der Diskurse um platonisch-christliche Denkansätze verkörpern somit eine spezielle Facette des
generellen Phänomens, dass sich das aufstrebende Christentum
zuweilen im hohen Maße restriktiv gegenüber etablierten Formen
von Religion und Kultur verhielt. Vielfach wurden bereits Variationen des Gedankens formuliert, ob „man sich aus heutiger Sicht
vielleicht ein großherzigeres Christentum (wünschte)"[55]. Doch
auch diesbezüglich wohnen den Revitalisierungen jener Diskurse Potenziale für Theologie und Kirche inne. In diesem Rahmen
kann ergebnisoffen erörtert werden, in welcher Weise jene Entwicklungen heute zu beurteilen sind und in welcher Weise sich
auch neue Wege eröffnen (vgl. Kapitel 4.3).

---

53 Die in Bezug auf Hypatia überlieferten Traditionen und ihre neuzeitlichen
Adaptionen sind bereits für sich genommen ein Themenfeld, an denen sich diskursanalytisch betrachtet die konträren Beurteilungen platonisch-christlicher
Denkansätze erläutern ließen. Zu den nur schwer zu unterscheidenden historischen Hintergründen und legendarischen Ausgestaltungen vgl. u.a. P. Jenkins,
Jesus Wars, 96f.; E. J. Watts, Hypatia, 107-120 bzw. 135ff.; M. Dzielska, Hypatia,
66-100.

54 Zu konträren Deutungen der konkreten Umstände und Anlässe der Schließung vgl. u.a. J. A. S. Evans, Justinian, 67-69; P. Gemeinhardt, Bildung, 510; A.
Demandt, Spätantike, 238f.

55 So J. Lauster, Verzauberung, 113, der meines Erachtens zu vermittelnd fort-
fährt: „Doch ist das ein anachronistischer Wunsch, der einen Toleranzbegriff zum
Maßstab erhebt, den eine anwachsende Religion nicht haben kann."

2.3 Pluriforme Wiedergeburten der Diskurse

Trotz der skizzierten Konfrontationen wirkte der Einfluss platonischer Philosophie auf christliche Theologie weiter, unter anderem
in Gestalt bereits etablierter Aneignungen platonischer Denkfiguren (exemplarisch sei verwiesen auf die Bedeutung platonischer
Vorstellungen für die Ausbildung der trinitarischen und christo-
logischen Dogmen[56]), durch die Schriften prägender Gestalten der
christlichen Theologiegeschichte (vgl. u.a. die Werke von Clemens
Alexandrinus, Origenes, Euseb von Cäsarea, Basilios, Gregor von
Nyssa und Gregor von Nazianz, Augustinus, Pseudo-Dionysius
Areopagita etc.) oder durch neue Rekurse auf platonische Traditionen in mittelalterlichen Entwicklungen durch einzelne Autoren
oder durch Schulbildungen (vgl. u.a. Johannes Scotus Eriugena
oder die sogenannte Schule von Chartres). Hierbei handelt es sich
um frühe Formen jener ‚Wiedergeburten‘, die Platons Philosophie
schließlich in Renaissance, Humanismus und Aufklärung erfahren
sollte. Um deren Besonderheit angemessen erfassen zu können,
muss ein Sachverhalt vergegenwärtigt werden, der für verschiedene Formen einer Begegnung von Platonismus und Christentum
von grundlegender Bedeutung war, nämlich die Frage der sprachlichen und medialen Vermittlung platonischen Denkens. Bereits
führende Denker der lateinischen Christenheit waren zuweilen
selbst nicht mehr in der Lage, in griechischer Sprache verfasste
Schriften im Original zu rezipieren. Statt originaler Platon-Texte
wurden vermehrt systematisierte Platon-Bilder zum Bezugspunkt
der Diskurse[57].

Neben den in unterschiedlichen Intensitäten und Formen fort-

---

56 Vgl. u.a. H. Ziebritzki, Weltseele, 10-17; H. Strutwolf, Aneignung, 87ff.; C.
Markschies, Körper, 86ff. bzw. 310ff.; A. Feldtkeller, Trinitätslehre, 231-233.

57 Paradigmatisch treten diese Phänomene an der Frage zutage, auf welchen
Grundlagen die wirkungsmächtigen Vermittlungen platonischer Denkansätze basieren, die durch Augustin formuliert wurden. Zu den entsprechenden Bildungs-
hintergründen des Kirchenvaters von Hippo vgl. V. H. Drecoll, Mittelplatonismus,
67f.; ders., Neuplatonismus, 73.

wirkenden Einflüssen platonischen Denkens wurde die mittelalterliche Entwicklungsgeschichte christlicher Lehrbildungen
jedoch zunehmend auch von einer philosophischen Richtung
geprägt, die ihrerseits zu den bedeutendsten Schulen der Antike zu zählen ist, nämlich von jenen Systembildungen, die mit
dem Begriff ‚Aristotelismus' bezeichnet werden. Paradigmatisch
zeigt sich dieses Phänomen nicht zuletzt im Kontext der hoch-
mittelalterlichen Scholastik, in welcher Aristoteles schlicht als
‚der Philosoph' angeführt werden konnte. Doch auch wenn seine „Bedeutung für das mittelalterliche Denken [...] kaum zu
überschätzen"[58] ist, wurde während dieser Epochen der Einfluss
platonischen Denkens auf die christliche Theologiegeschichte
keineswegs ausgeblendet. Dies ergibt eine eigentümliche Konstellation: Die Geschichte der Begegnung von Platonismus und
Christentum wird immer deutlicher auch zu der Fortführung einer Begegnung, die noch wesentlich älter ist. Was dies für eine
weitere Vermittlung platonischen und christlichen Denkens be-
deuten kann, soll im Rahmen eines Exkurses angedeutet werden:

Exkurs 2: Begegnungen von Platonismus und Aristote-
lismus im Kontext christlicher Theologie

Als Platon bereits ca. 20 Jahre die von ihm gegründete Akademie geleitet hatte, kam jener 17-jährige junge Mann nach
Athen, der sein mit Abstand bedeutendster Schüler werden soll-

---

58 So L. F. Tuninetti, Scholastik, 428, der treffend hervorhebt, dass für diese Epoche „eine vollständige Darstellung der Wirkungsgeschichte des Stagiriten
beinahe einer Geschichte der Philosophie des Mittelalters gleichkäme."

te[59]. Auch wenn Platon zeit seines Lebens die bereits frühzeitig erkennbaren Infragestellungen seines Welt- und Menschenbildes durch den etwa 41 Jahre jüngeren Aristoteles würdigte[60], führten verschiedene Umstände dazu, dass Aristoteles nach dem Tod seines Lehrers die Athener Akademie verließ und schließlich einen eigenen Schulbetrieb aufbaute[61]. Die mit dem Begriff ‚Peripatetiker' bezeichneten aristotelischen Schul- und Lehrbildungen entwickelten sich ihrerseits zu einer der bedeutendsten philosophischen Strömungen der abendländischen Geistesgeschichte, welche platonischen Traditionsbildungen in kontinuierlichen Wechselbeziehungen verbunden blieb[62]. Die skizzierten Entwicklungen der christlichen Theologiegeschichte verkörpern somit eine weitere Ebene der Vermittlung platonischer und aristotelischer Welt- und Menschenbilder (exemplarisch sei auf den sogenannten ‚Universalienstreit' hingewiesen, der ohne die konträren Hintergründe platonischer und aristotelischer Denkansätze nicht angemessen erfasst werden kann). Metaphorisch kann

---

59 Wenn Sokrates als der Lehrer Platons einbezogen wird, so kann mit D. Frede, Platon, 16 folgende außergewöhnliche Konstellation diagnostiziert werden: „Sokrates – Platon – Aristoteles: Ohne die Bedeutung späterer Philosophen schmälern zu wollen, kann man sagen, dass es keine andere Lehrer-Schüler-Konstellation gegeben hat, die von vergleichbarer Bedeutung nicht nur für die Philosophiegeschichte, sondern für die Geistes- und Wissenschaftsgeschichte des Abendlandes überhaupt gewesen ist."

60 Über das persönliche Verhältnis von Platon und Aristoteles wurden bereits frühzeitig Erzählungen und Legenden tradiert. Vgl. u.a. D. Frede, Platon, 18f. bzw. F. Ricken, Akademie, 391, der den Bezug des Aristoteles zu seinem Lehrer folgendermaßen charakterisiert: „Wenn er auf Platon zu sprechen kommt, dann meistens, um ihn zu kritisieren. Aber diese kritische Auseinandersetzung ist eine Form der Aneignung. Aristoteles greift Themen und Fragen Platons auf; Platon wird kritisiert, um seine Lehre weiterzuführen."

61 Zur Geschichte der von Aristoteles initiierten Schulbildungen vgl. G. Wöhrle/O. Hellmann, Schulen, 405-409.

62 Paradigmatisch sei auf das Phänomen hingewiesen, dass z.B. in neuplatonischen Konzeptionen die Grundlagen aristotelischer Erkenntnistheorie positiv aufgenommen werden konnten, insofern sie lediglich auf spezifische Geltungsbereiche der vorfindlichen Existenz bezogen wurden. Ausführlich hierzu u.a. G. Karamanolis, Aristotle, passim; J. Opsomer, Platonismus, 410-416.

dieses Phänomen folgendermaßen umschrieben werden: Unter dem Dach eines kirchlich organisierten Lehrbetriebs werden – teilweise implizit, teilweise explizit – Diskurse fortgeführt, deren historische Anfänge bis in die von Platon gegründete Akademie zurückreichen.

Meisterhaft wurde der skizzierte Sachverhalt von einem der bedeutendsten Künstler der Renaissance ins Bild gesetzt, und zwar in dem ca. 1509-11 entstandenen Fresko *„La Scuola di Atene"*. Raffael bringt prägende Gestalten der Geistesgeschichte miteinander ins Gespräch, die historisch betrachtet nicht miteinander sprechen konnten, da sie partiell in völlig unterschiedlichen Zeiten und Regionen lebten. Im Zentrum des Bildes stehen wiederum Platon und Aristoteles, deren Darstellungen markante Merkmale ihrer jeweiligen Weltbilder erkennen lassen. Der Raum dieser Begegnung ist jedoch nicht jene antike ‚Athener Schule'. Über die zeitliche Vergänglichkeit erhaben kommunizieren Platon und Aristoteles vielmehr im Raum christlicher Theologie und Kirche[63].

> *Leit-These 1.4:* Im Rahmen eines ‚platonischen Christentums' werden auch jene Diskurse weiter entfaltet, die sich zwischen platonischen und aristotelischen Systemen entwickelt haben (insbesondere in Bezug auf das sogenannte ‚Leib-Seele-Problem').

Die historischen Kontexte und institutionellen Rahmenbedingungen weiterer Begegnungen von Platonismus und Christentum waren sehr unterschiedlicher Natur. So sind z.B. jene geistesgeschichtlichen Neuaufbrüche, welche mit den Begriffen ‚Renaissance' bzw. ‚Renaissance-Humanismus' bezeichnet werden, zu einem nicht unwesentlichen Teil als eine ‚Wiedergeburt'

---

63 Zur einer philosophiegeschichtlichen Deutung dieser Motivik vgl. G. Reale, La Scuola di Atene, passim.

des Platonismus zu verstehen[64]. Dies gilt im besonderen Maße für Marsilio Ficino und die von ihm geprägten Denker, deren Werke im wahrsten Sinne des Wortes als ‚theologia platonica'[65] oder als ‚christlicher Kulturplatonismus'[66] bezeichnet werden können. Derartige Konzepte inspirierten u.a. auch jene Entwicklungen im England des 17. Jahrhunderts, die mit dem Begriff ‚Cambridge Platonists' verbunden werden[67]. Gleiches gilt für repräsentative Denker der sogenannten ‚Deutschen Klassik' und des ‚Deutschen Idealismus', deren Platon-Interpretationen theologiegeschichtliche Wirkungen entfalten konnten, die bis in die Gegenwart hinein erkennbar sind (diesbezüglich sei exemplarisch auf die trinitätstheologischen Konzepte von Georg Wilhelm Friedrich Hegel hingewiesen, der sich dessen „bewußt [war], damit im Unterschied zur zeitgenössischen Theologie das Zentraldogma des Christentums überhaupt erneuert zu haben."[68]).

Ebenso gibt es Formen der Wirkungsgeschichte platonischen Den-

---

64 Grundlegend hierzu vgl. T. Leinkauf, Renaissance, 452-462.

65 So der Titel des Hauptwerks von Marsilio Ficino. Zur Textedition und Übersetzung vgl. M. J. B. Allen/J. Hankins (Hg.), Platonic Theology, passim. Entsprechend charakterisiert T. Leinkauf, Renaissance, 453f. die Grundzüge der Platon-Interpretation von Marsilio Ficino mit folgenden Worten: „In der Nachfolge zu Augustinus (etwa De vera religione IV 7; Confessiones VII 9,13) stellt er platonisches Denken in der Dignität fast auf die gleiche Stufe wie das christliche Denken [...] Die Philosophie Platons und seiner späteren Ausleger ist für Ficino eine ‚pia philosophia' [...], sie ist selbst Theologie."

66 Ausführlich hierzu J. Lauster, Verzauberung, 256-260.

67 Zu den entsprechenden Beiträgen und Werken von Autoren wie Benjamin Whichcote, John Smith, Henry More, Ralph Cudworth etc. vgl. E. Cassirer, Cambridge, passim; T. Leinkauf, Cambridge Platonists, 463-474.

68 So W. Pannenberg, Theologie I, 318. Die Bedeutung dieses Entwurfs wird von C. Tietz, Trinitätslehre, 163 treffend auf den Punkt gebracht: „Alle nachfolgenden Konzeptionen haben sich mit seinen Überlegungen auseinander gesetzt." Grundlegend zu den platonischen Referenzgrößen der trinitarischen Konzepte Hegels vgl. J. Halfwassen, Hegel, passim. Zu weiteren Beispielen der Rezeption platonischer Denkansätze im Deutschen Idealismus vgl. W. Beierwaltes, Idealismus, passim; C. Asmuth, Platonbild, passim; D. Henrich, Konstellationen, passim und die Beiträge des instruktiven Sammelbands von B. Mojsisch/O. F. Summerell (Hg.), Platonismus im Idealismus, passim.

kens im Kontext christlicher Theologie, die zuweilen lediglich indirekt erfassbar sind. Ein eindrückliches Beispiel hierfür sind die Werke von Friedrich Daniel Ernst Schleiermacher, die einen „Meilenstein auf dem Weg von der Aufklärung zum Kulturprotestantismus"[69] verkörpern. Schleiermacher ist für Auseinandersetzungen mit Platon nicht zuletzt deshalb von Bedeutung, weil er eine Übersetzung des *Corpus Platonicum* angefertigt hat, die bis heute im deutschsprachigen Bereich mit leichten Modifikationen eine wichtige Diskussionsgrundlage bildet[70]. Gleiches gilt für seine Einführungen in die Philosophie und Dialoge Platons[71]. Doch obwohl Schleiermacher sich im Rahmen privater Konversationen in überaus positiver Weise über Platon äußern konnte[72], fällt es keineswegs leicht, explizite Auswirkungen und Rezeptionen platonischer Schriften und Denkansätze in den theologischen Werken Schleiermachers darzulegen[73].

Fortschreitende Aufarbeitungen der antik-mediterranen Religionsgeschichte ermöglichten es jedoch auch, weitere Phänomene genauer zu erfassen, welche partiell dem Spektrum plato-

---

69 So J. Lauster, Verzauberung, 527.

70 Die Qualität dieser Übersetzung wurde auch von zeitgenössischen Vertretern der klassischen Philologie überaus positiv bewertet: „Gestehen wir rund heraus, was wir denken: noch niemand hat den *Platon* so vollständig selbst verstanden und andere verstehen gelehrt, wie dieser Mann, welcher bei seltener Umfassung des Höchsten, mit nicht geringerer Sorgsamkeit auch das kleinste nicht verschmäht: ein Talent, das in wenigen Gelehrten ausgebildet, ein Glück, das wenigen Gegenständen zu Gute gekommen ist." (so die Einschätzung von August Boeckh; zitiert nach H. Fischer, Schleiermacher, 64).

71 Ausführlich hierzu die instruktiven Beiträge der Edition von P. M. Steiner/A. Arndt/J. Jantzen (Hg.), Schleiermacher, passim.

72 Eindrücklich hierfür sind die Worte aus einem Brief aus dem Jahr 1800: „Es giebt gar keinen Schriftsteller der so auf mich gewürkt hat und mich in das Allerheiligste nicht nur der Philosophie sondern der Menschen überhaupt so eingeweiht hätte, als dieser göttliche Mann." (vgl. KGA V,4, 82).

73 Vgl. diesbezüglich u.a. C. Asmuth, Platonbild, passim; A. Arndt, Schleiermacher, 263-284; J. A. Lamm, Schleiermacher, 206-239 und zuletzt L. Käppel, Platon-Übersetzung, 157-165, der treffend resümiert: „Der Einfluss der Schleiermacher'schen Übersetzungstätigkeit auf sein theologisches und philosophisches Denken ist bislang kaum erforscht." (op. cit., 165).

nisch-christlicher Welt- und Menschenbilder zuzuordnen sind, nämlich jene Bewegungen, die mit den in einem hohen Maße problematischen Begriffen ‚Gnosis' bzw. ‚gnostisch' bezeichnet werden. Warum diese Bewegungen freilich nur Nebenwege der Begegnungen von Platonismus und Christentum bilden, wird im folgenden Arbeitsschritt erläutert.

2.4 Die sogenannte ‚Gnosis': Nebenwege der Begegnungen von Platonismus und Christentum

In religionshistorischen Forschungen zu der sogenannten ‚Gnosis' haben sich grundlegende Neuorientierungen entwickelt, die in Kürze folgendermaßen zusammengefasst werden können: Traditionen über sogenannte Gnosis-nahe bzw. gnostische Systeme waren lange Zeit nur durch Zeugnisse zugänglich, welche von ihren Kritikern verfasst wurden. Durch verschiedene archäologische Funde sind jedoch inzwischen viele Originalzeugnisse entsprechender Traditionen wiederentdeckt worden, welche differenzierte Perspektiven auf diese Facetten der antik-mediterranen Religions- und Philosophiegeschichte ermöglichen[74]. Eine Konsequenz der modernen Gnosis-Forschung besteht darin, dass es – so eigentümlich dies auf den ersten Blick auch klingen mag – prinzipiell problematisch erscheint, überhaupt noch von einer sogenannten ‚Gnosis' zu sprechen[75]. Während der Begriff ‚Gnosis' dogmengeschichtlich oftmals zur Herabwürdigung vermeintlich häretischer Systeme verwendet wurde, wird er religionsgeschichtlich betrachtet zumeist im Sinne einer Fremdzuschreibung

---

74 Zu diesen Entwicklungen in der sogenannten modernen Gnosis-Forschung vgl. H.-F. Weiss, Gnosis, 3-12; C. Markschies, Gnosis, passim.

75 Vgl. u.a. M. Williams, Gnosticism, 29-54 bzw. 263f.; K. L. King, Gnosticism, 235f.

von Kritikern jener Systeme verwendet[76]. Nur in seltenen Fällen kann eine solche Terminologie auch als explizite Selbstbezeichnung entsprechender Schultraditionen benannt werden[77]. Gnostische Religionsgemeinschaften, die auch namentlich klar identifizierbar sind, begegnen strenggenommen erst im Kontext des Manichäismus, in dessen Gestaltwerdung gnostische Systeme den Status einer Weltreligion erreichen konnten[78]. Aus diesem Grund wurde beispielsweise erwogen, jene Facetten frühjüdischer und frühchristlicher Traditionen, die früher mit den Begriffen ‚gnostisch' bzw. ‚Gnosis-nah' bezeichnet wurden, nun als Entwicklungen einer frühjüdischen oder frühchristlichen Mystik zu beschreiben, in denen sich u.a. Wesensverwandtschaften zu platonischen Vorstellungen beobachten lassen[79].

Gleichwohl erzeugt eine vollständige Vermeidung des Begriffsfeldes ‚Gnosis' ihrerseits neue Probleme. Es stellt sich die Frage, mit welchen Termini die Eigentümlichkeit von Systemen kenntlich gemacht werden kann, gegen welche nicht nur frühjüdische oder

---

76 Treffend konstatiert K. King, Gnosticism, 1f.: „The problem ... is that a rhetorical term has been confused with a historical entity. There was and is no such thing as Gnosticism, if we mean by that some kind of ancient religious entity with a single origin and a distinct set of characteristics. Gnosticism is, rather, a term invented in the early modern period to aid in defining the boundaries of normative Christianity. Yet it has mistakenly come to be thought of as a distinctive Christian heresy or even a religion in its own right, and libraries are replete with books describing its central beliefs, discussing its origins, and considering its history."

77 Exemplarisch sei diesbezüglich auf die von Clemens Alexandrinus erwähnten Anhänger eines sogenannten Prodicus und auf die von Irenäus von Lyon erwähnten Karpokratianer (u.a. Iren. Haer. I 25,3) hingewiesen. Vgl. diesbezüglich E. Grypeou, Pascha, 138-141; J. Schröter/J. Zangenberg (Hg.), Umwelt, 685f. etc.

78 Die gewaltige geographische Ausbreitung des Manichäismus wurde u.a. dadurch möglich, dass es sich hierbei um die „abschließende und konsequente Systematisierung der spätantiken Gnosis in der Form einer universalen Offenbarungsreligion mit missionarischem Charakter" handelte. So K. Haardt, Sacramenta Mundi, 328. Zur Skizze dieser Entwicklungen vgl. J. Schröter/J. Zangenberg (Hg.), Umwelt, 726ff.

79 So der programmatische Titel des entsprechenden Sammelbands von A. DeConick, Early Jewish and Christian Mysticism, passim.

frühchristliche Autoren polemisieren, sondern u.a. auch platonische Denker[80]. Ein Vermittlungsversuch innerhalb dieses Problemfeldes kann anhand von typologischen Konzepten erläutert werden, die in der modernen Gnosis-Forschung entwickelt wurden, um sich den Widrigkeiten einer Definition des Begriffs ‚Gnosis' zu entziehen[81]. Im Sinne typologischer Beschreibungen können zumindest zwei Merkmale benannt werden, welche jeweils eine klar erkennbare Differenz gnostischer Systeme gegenüber frühjüdischen, frühchristlichen und platonischen Systemen verkörpern. Dies gilt einerseits für das jeweilige Verständnis von ‚Gott als Schöpfer' und ‚Schöpfung'. Andererseits muss beachtet werden, welche Konsequenzen jenes Verständnis von Schöpfungstheologie für die Deutung menschlicher Existenz in der vorfindlichen Welt nach sich zieht[82].

Frühjüdische, frühchristliche und platonische Systeme verbindet die Vorstellung, dass die vorfindliche Welt die prinzipiell gute Schöpfung eines prinzipiell guten Schöpfergottes ist. Eine spezifische Differenz eines gnostischen Weltbildes besteht hingegen darin, dass zwischen einer oberen und unteren Theogonie und einer oberen und unteren Kosmogonie unterschieden wird. Vor diesem Hintergrund wird die vorfindliche Welt als die defizitä-

---

80 Zu den antignostischen Ausführungen von Plotin vgl. Anm. 85.

81 Zur Geschichte und den prinzipiellen Problemen einer Begriffsdefinition vgl. u.a. B. Aland, Kurzdefinition, 241-257; J. Holzhausen, Gnostizismus, 58ff.; K. Rudolph, Gnosis, 35ff.; R. McLachlan Wilson, Art. Gnosis/Gnostizismus II, 536f.; M. Williams, Gnosticism, 8ff. bzw. 263-265; K. L. King, Gnosticism, 11ff.; K.-W. Tröger, Gnosis, 9-17; G. Filoramo, Gnosticism, 7-12 etc.

82 Im Sinne des von C. Markschies, Gnosis, 25f. konstruierten typologischen Beschreibungsmodells begegnen diese Aspekte vor allem im Bereich des dritten und neunten Merkmals: 1. Merkmal: Die Erfahrung eines völlig jenseitigen obersten Gottes; 2. Merkmal: Die Einführung weiterer göttlicher Figuren; 3. Merkmal: Die Einschätzung von Welt und Materie als böse Schöpfung; 4. Merkmal: Die Einführung eines niedrigen Schöpfergottes; 5. Merkmal: Erklärung des negativen Jetztzustandes durch ein mythologisches Drama; 6. Merkmal: Die durch eine jenseitige Erlösergestalt gewährte Erkenntnis über diesen Zustand; 7. Merkmal: Erlösung durch Gnosis, 8. Merkmal: Vorherbestimmung der Menschenklassen; 9. Merkmal: Ein ausgeprägter Dualismus auf allen Ebenen.

re Schöpfung einer niederen Gottheit gedeutet, welche mit der platonischen Tradition zuweilen als ‚Handwerker' (*demiurgos/* δημιουργός) bezeichnet wird. Die Herausforderung menschlicher Individuen bestehe in der Erkenntnis, dass ihnen göttliche Anteile innewohnen, die vor allem mit den seelisch-geistigen Dimensionen ihrer Existenz zusammenhängen. Die vorfindliche Schöpfung und der sterbliche Körper seien jedoch ein ‚Gefängnis', aus dem sich die unsterbliche Seele befreien müsse[83].

Auf den ersten Blick scheint eine solche gnostische Konzeption eine Wesensverwandtschaft zu einer platonischen Kosmologie und Anthropologie zu besitzen, in welcher z.B. der sterbliche Körper als das ‚Grab' oder das ‚Gefängnis' der unsterblichen Seele bezeichnet werden kann. Entsprechend wurde verschiedentlich versucht, gnostische und manichäische Systeme als konsequente Ausgestaltungen des antiken Platonismus zu beschreiben[84]. Eine solche Einschätzung verkennt jedoch wesentliche Merkmale platonischen Denkens. Worin diese Fehleinschätzung besteht, wurde bereits von einem der bedeutendsten Denker des antiken Platonismus herausgearbeitet: Plotin bringt als Stammvater des sogenannten Neuplatonismus in seinen anti-gnostischen Ausführungen in deutlicher Weise zur Geltung, dass die Herabwürdigung der vorfindlichen Schöpfung und ihres Schöpfers mit den Leitgedanken Platons unvereinbar ist. Der sichtbare Kosmos lasse vielmehr die Güte und Schönheit seines unsichtbaren Schöpfers erkennen (vgl. v.a. die entsprechenden Ausführungen in Plotin,

---

83 Eine paradigmatische Ausgestaltung eines solchen Denkens bietet das in einer Kurzfassung (NHC III,1/BG 2) und einer Langfassung (NHC II,1/IV,1) überlieferte Johannesapokryphon (vgl. die Ausführungen in Anm. 124).

84 Repräsentativ für viele entsprechende Einschätzungen im Bereich biblisch-exegetischer Diskursbeiträge resümiert z.B. N. T. Wright, Resurrection, 52: „A further development, whose origins are obscure and controversial, was gnosticism. Many lines of Platonic thought led straight in this direction. [...] Though Plato himself did not go in this direction [...] one can again see how his ideas prepared the way."

Enn. II,9)[85].

> *Leit-These 1.5:* Im Kontrast zu platonischen und biblischen Systemen verstehen gnostische Systeme die vorfindliche Welt als die prinzipiell negative Schöpfung einer defizitären Gottesgestalt.

Trotz dieser eindrücklichen Mahnungen wurden in neuzeitlichen Auseinandersetzungen gegenüber dem Werk Platons immer wieder Vorwürfe wiederholt, die eigentlich nicht Platon treffen, sondern gnostische Modifikationen platonischen Denkens. Derartige Fehldeutungen können strenggenommen als neuzeitliche Fortschreibungen einer gnostischen Platon-Deutung verstanden werden, die eigentlich bereits seit Plotins Darlegungen erledigt sein sollten. Die in vielen zeitgenössischen Diskursbeiträgen präsente Rede von einer ‚platonischen Leibfeindlichkeit' oder einer ‚platonischen Weltflucht' verkennt die religionshistorischen Gegebenheiten vielmehr in einer Weise, die ihrerseits nur als Beispiel für einen modernen ‚Vulgärplatonismus' bezeichnet werden kann.

Vor dem Hintergrund dieser grundlegenden Differenz platonischer und gnostischer Welt- und Menschenbilder kann nun jedoch erläutert werden, was damit gemeint ist, wenn ‚platonisches Christentum' als eine Wiederbelebung eines frühchristlichen Diskurses verstanden wird.

2.5 Ein neuer Ansatz: Wiederbelebungen platonisch-christlicher Diskurse

Die skizzierten historischen Entwicklungen werfen die Frage auf, worin weitere Entwicklungen platonisch-christlicher Denkansätze bestehen können. Führen sie lediglich zu Variationen bereits

---

85 Grundlegend zu den antignostischen Ausführungen Plotins vgl. J. Halfwassen, Plotin, 22f.; B. Aland, Gnosis, 111ff.; K. Alt, Polemik, 15-20; C. Tornau, Plotin, 394f.

vorliegender Konzepte? Oder besitzen sie auch innovative Potenziale, die bisher noch nicht entfaltet wurden? Vor dem Hintergrund derartiger Fragen kann nun veranschaulicht werden, worin jener neue Ansatz besteht, der mit den Teilbänden der Reihe ‚Platonisches Christentum' zur Diskussion gestellt wird. Dabei soll zunächst skizziert werden, welche Leitgedanken diesen Ansatz prägen. Anschließend werden inhaltlich-sachliche Schwerpunkte benannt.

Formal betrachtet kann jener neue Ansatz mit drei Leitgedanken charakterisiert werden. Es geht um

a) die Wiederbelebung jener Diskurse, die sich zwischen etablierten und verdrängten Formen frühchristlicher Systeme in Bezug auf platonische Vorstellungen beobachten lassen,

b) die Vermittlung jener frühchristlichen Diskurse mit relevanten Fragestellungen heutiger Wissenschaftsdiskurse,

c) die Etablierung eines offenen Diskurses über neue Formen platonisch-christlicher Religiosität.

Die Begründung und Ausgestaltung dieser Leitgedanken wird in den nachfolgenden Kapiteln erläutert, in denen die Methodik und Terminologie dargelegt wird, auf denen die Beiträge der Reihe ‚Platonisches Christentum' basieren (vgl. Kapitel 3 bzw. 4). Zuvor sollen jedoch inhaltlich-sachliche Themenfelder benannt werden, denen eine besondere Aufmerksamkeit gewidmet wird. Dies gilt vor allem für eine Frage, welche platonisch-christliche Denkansätze seit ihren Anfängen begleitet, nämlich für die Frage, in welchem Verhältnis jene Dimensionen menschlicher Existenz stehen, die mit Begriffen wie ‚Seele', ‚Geist', ‚Bewusstsein', ‚Selbstbewusstsein', ‚Körper' oder ‚Materie' bezeichnet werden. Warum insbesondere der Begriff ‚Seele' als ein Kristallisationspunkt der Debatten zu verstehen ist, wird in den folgenden Arbeitsschritten dargelegt.

2.6 Der Begriff ‚Seele' als Kristallisationspunkt platonisch-christlicher Diskurse

Der Begriff ‚Seele' kann „als Mitte der Philosophie Platons"[86] bezeichnet werden. Entsprechend ist er auch ein Kristallisationspunkt platonisch-christlicher Diskurse. Wenn jedoch im Sinne des skizzierten neuen Ansatzes die antik-mediterranen Diskurskonstellationen in zeitgenössische Diskurse übertragen werden sollen, so gilt es, sich folgenden Sachverhalt zu vergegenwärtigen: Zeitgenössische Diskurse vermitteln zuweilen den Eindruck, dass es sich hierbei um einen „kaum noch fassbaren Begriff"[87] handelt. Die Ursachen hierfür sind unterschiedlicher Natur. Wissenschaftsgeschichtlich betrachtet traten zunehmend andere Termini in den Vordergrund des Interesses. Im besonderen Maße gilt dies für die Begriffe ‚Bewusstsein' bzw. ‚Selbstbewusstsein', die gegenwärtig u.a. in neurophysiologischen und psychologischen Diskursen bevorzugt verwendet werden. Exemplarisch sei diesbezüglich auf jenes Themenfeld verwiesen, welches für die Wiederbelebungen platonisch-christlicher Diskurse von zentraler Bedeutung sein wird, nämlich die gegensätzlichen Deutungen jener Erfahrungsmuster, die mit dem unpräzisen Begriff ‚Nahtoderfahrungen' bezeichnet werden (im besonderen Maße gilt dies für die Auseinandersetzungen um einen sogenannten reduktiven Materialismus bzw. um neuronale Korrelate von Bewusstsein[88]). Dabei lassen sich zuweilen eigentümliche Begriffsentwicklungen beobachten. Wenn z.B. die Ansicht vertreten wird, dass die „aktuelle Psychologie […]

---

86 So T. A. Szlezak, Seele, 13.

87 So der treffende Untertitel des instruktiven Sammelbands von J. Dierken/M. D. Krüger (Hg.), Seele, passim. Weitere wissenschaftsgeschichtliche und erkenntnistheoretische Zugangsperspektiven bieten u.a. die Editionen von G. Jüttemann/M. Sonntag/C. Wulf (Hg.), Seele, passim; J. Figl/H.-D. Klein (Hg.), Seele, passim; K. Crone/R. Schnepf/J. Stolzenberg (Hg.), Seele, passim; H.-D. Klein, Seele, passim; H.-P. Hasenfratz, Seele, passim.

88 Diesbezüglich verweise ich auf meine Vorarbeiten in E. E. Popkes, Erfahrungen I, 71-80 bzw. 103ff.

eine Psychologie ohne Seele"[89] ist, so müsste strenggenommen der Name der Disziplin geändert werden, insofern ‚Wissenschaft von der Seele' die wörtliche Übersetzung von ‚Psychologie' ist. Gleichwohl wird der Begriff nach wie vor nicht nur alltagssprachlich leichtfertig gebraucht, sondern auch als Teilbegriff weiterer wissenschaftlicher Disziplinen (vgl. u.a. ‚Seelsorge', ‚Psychische Belastungsstörungen', ‚Psychiatrie' etc.). Dies gilt in besonderem Maße für kirchlich-theologische Kontexte. Der Begriff ‚Seele' ist „implizit in allen praktisch-theolog(ischen) Handlungsfeldern als Ausdruck des zugrundliegenden Menschenbildes relevant"[90]. Die Komplexität nimmt nochmals zu, wenn gefragt wird, auf welche biblischen Textgrundlagen in kirchlich-theologischen Kontexten jeweils Bezug genommen wird. So können z.B. im Bereich römisch-katholischer und evangelischer Theologie unterschiedliche Textgrundlagen als Referenzgrößen verwendet werden. Während die Entwicklungsstufen und Texttraditionen der Vulgata sich zu einem wesentlichen Teil auf die Septuaginta beziehen, galt für reformatorische Strömungen im Sinne des Leitgedankens *ad fontes* die hebräische Bibel als Bezugsgröße. Die bereits in den biblischen Traditionen selbst angelegte Polyphonie wird somit nochmals potenziert.

Wie prekär der Umgang mit dem Begriff ‚Seele' ist, tritt noch deutlicher zutage, wenn man sich seine altorientalischen und an-

---

89 So das Urteil des Professors für allgemeine Psychologie W. Mack, Psychologie, 167.

90 Für kirchliche und theologische Diskursfelder wird dieses Phänomen von E. Naurath, Art. Seele III: Christentum; IV: Praktisch-theologisch, 1105 pointiert auf den Punkt gebracht: „Der Begriff S[eele] wird explizit in den kirchl[ichen] Handlungsfeldern von Liturgie (v.a. Lieder und Psalmen), Kasualpraxis (bes. Bestattung), und Seelsorge, implizit in allen praktisch-theolog[ischen] Handlungsfeldern als Ausdruck des zugrundeliegenden Menschenbildes relevant. Das Desiderat einer theoretischen Klärung des theologiegesch[ichtlich] gewachsenen und zeitgesch[ichtlich] bedingten Seelenbegriffs für die praktische Theologie steht dabei im Kontrast zur Alltagsreligiosität: Hier hat der Begriff der S[eele] gegenwärtig Konjunktur als Ausdruck einer dezidiert antidualistischen und antirationalistischen Sichtweise des Menschen."

tik-mediterranen Hintergründe vergegenwärtigt[91]. Es gibt kaum ein anderes Begriffsfeld, an dem derartig markant das facettenreiche Spektrum unterschiedlicher anthropologischer Konzepte ablesbar ist, die in biblischen Traditionen überliefert werden. In diesen Konzepten spiegeln sich wiederum diverse altorientalische und antik-mediterrane Kulturen, welche die Entwicklungsgeschichte biblischer Vorstellungen geprägt haben[92]. In den griechischen Übersetzungen der jüdischen Bibel, die für frühchristliche Diskurse von fundamentaler Bedeutung sind, konnten wiederum Terminologien verwendet werden, welche den Aussageintentionen ihrer hebräischen Vorgaben nur in bedingtem Maße oder überhaupt nicht entsprechen. Dies gilt in besonderer Weise für den Begriff ψυχή (*psyche*), der seinerseits im Bereich der antik-mediterranen Religions- und Philosophiegeschichte eine komplexe Entwicklungsgeschichte besitzt[93]. Wozu dies führen kann, zeigt sich eindrücklich an den biblischen Erzählungen von der Erschaffung des Menschen (Gen 1,26f.; 2,7). Durch die Verwendung des Begriffs ψυχή in der griechischen Übersetzung von Begriffen wie נֶפֶשׁ (*näfäsch*; vgl. v.a. Gen 2,7b) vollzieht sich eine inhaltlich-sachliche Akzentverschiebung gegenüber der hebräischen

---

91   Zu alttestamentlich-frühjüdischen und frühchristlichen Traditionen vgl. u.a. B. Janowski, Anthropologie, 52ff.; 135ff. bzw. 532ff.; ders., Seele, 12-43; C. Westermann, Art. נֶפֶשׁ/næpæš, 71-96; H. Seebass, Art. נֶפֶשׁ/næpæš, 531-555; E. Schweizer, Art. ψυχή, 635-657; J. Zumstein, Art. Seele; III: Christentum; 1. Neues Testament, 1100f. etc.

92   Bereits die im Rahmen der hebräischen Gestalt der jüdischen Bibel überlieferten Traditionen bieten eine Vielzahl von Terminologien, welche in deutschen Übersetzungsvorschlägen oftmals mit ‚Seele' wiedergegeben werden (vgl. u.a. B. Janowski, Anthropologie, 52-58).

93   Zu Entwicklungsstadien antik-mediterraner Verständnisse des Begriffs ‚Seele' vgl. J. Bremmer, Soul, passim; H.-P. Hasenfratz, Art. Seele I, 733-737; A. Dihle, Art. ψυχή, A.: ψυχή im Griechischen, 604-614; D. B. Claus, Soul, passim; H. Schwabl, Seelenlehre, 7-36; T. Krischer, Kulturgeschichte, 113-120 etc. Wie konträr der Begriff bereits in der Antike diskutiert wurde, dokumentiert zudem eindrücklich die Schrift Περὶ ψυχῆς (bzw. gemäß ihrem lateinischen Titel De Anima) von Aristoteles und die Geschichte ihrer Interpretation (ausführlich hierzu K. Corcilius, Einleitung, IX-XCVII; M. Perkams, Selbstbewusstsein, passim).

Textfassung[94].

Eine zentrale Frage ist, inwieweit mit ‚Seele' ein sogenanntes ‚dichotomisches' oder ‚trichotomisches Menschenbild' zur Geltung gebracht wird. Mit anderen Worten: Werden mit den Begriffen ‚Seele', ‚Geist', ‚Körper' Aspekte menschlicher Existenz bezeichnet, die nur temporär miteinander in Beziehung stehen? Im Sinne der platonischen Tradition bezeichnet der Begriff ‚Seele' eine Dimension menschlicher Existenz, die bereits vor der körperlichen Geburt existiert und die auch nach dem körperlichen Tod weiterlebt[95]. Dies ist jedoch mit weiten Teilen biblischer Menschenbilder nicht vermittelbar[96]. Aus diesem Grund wird vielfach dafür plädiert, den missverständlichen deutschen Begriff ‚Seele' bei der Übersetzung thematisch relevanter hebräischer Begriffe zu vermeiden. Stattdessen werden auch in verschiedenen neueren Bi-

---

94 Zu diesen Akzentverschiebungen und ihren religionsgeschichtlichen Hintergründen vgl. B. Janowski, Anthropologie, 50ff.; M. Rösel, Übersetzung 75. In Bezug auf das daraus resultierende Verständnis der Gottebenbildlichkeit des Menschen resümiert W. Gross, Statue, 37: „Die Gottebenbildlichkeit wird nicht, wie in der Hebräischen Bibel, funktional, sondern als seinshafte Ausstattung des Menschen verstanden."

95 Doch auch vor dem Hintergrund einer platonisch geprägten Anthropologie wäre ein solcher Begriff von ‚Seele' unpräzise, da strenggenommen begrifflich zwischen verschiedenen Aspekten der Seele unterschieden werden müsste. Exemplarisch sei verwiesen auf die Unterscheidung der sterblichen und unsterblichen Anteile der Seele in Platons Weltschöpfungsmythos *Timaios* bzw. auf das Gleichnis von einem ‚Seelentier' und das damit einhergehende Motiv des ‚inneren Menschen' (vgl. v.a. die in Platon, Polit. 588 c 1 – 589 a 8f. vorliegende Unterscheidung der Begriffe ἐπιθυμητικόν, θυμικόν, λογιστικόν und ὁ ἐντὸς ἄνθρωπος).

96 Das Motiv einer Präexistenz der Seele begegnet lediglich in der hellenistisch-jüdischen Schrift ‚Weisheit Salomos', welche in die griechische Übersetzung der jüdischen Bibel aufgenommen wurde. Vgl. SapSal 8,19f.: „Ich war aber ein wohlgestalteter junger Mann und hatte eine edle Seele empfangen; *oder vielmehr, da ich edel war, kam ich in einen unbefleckten Leib* (μᾶλλον δὲ ἀγαθὸς ὢν ἦλθον εἰς σῶμα ἀμίαντον)". Treffend resümiert D. Winston, Wisdom, 198: „This verse is as clear a statement of the concept of preexistent souls as one could wish, and here is no need to explain it away as many commentators have done."

belübersetzungen Begriffe wie ‚Leben', ‚Mensch' etc. verwendet[97]. Wenn jedoch nicht nur die kanonischen, sondern auch die außerkanonischen Zeugnisse des frühen Christentums in die Diskussionen einbezogen werden, so verändert sich das Bild. Viele Auseinandersetzungen mit platonischen Denkansätze können zu einem nicht unwesentlichen Teil als Auseinandersetzungen um das Verständnis von ‚Seele' interpretiert werden. Entsprechende Fragen begleiteten zumeist jene Diskurse, in denen konträre Verständnisse von ‚Auferstehung' oder einer ‚postmortalen Existenz' erörtert wurden. Im Vordergrund der Debatten standen oftmals die Fragen, inwiefern sich die Vorstellungen von einer körperlichen Auferstehung der Toten und einer Unsterblichkeit der Seele zueinander verhalten[98]. In diesen Zusammenhängen wurden verschiedentlich auch Vorstellungen von einer etwaigen Präexistenz einer sogenannten ‚Seele' vor einer sogenannten ‚Inkarnation' thematisiert. Weniger Aufmerksamkeit erfuhr demgegenüber ein Themenfeld, welches mit den Vorstellungen einer Präexistenz oder postmortalen Existenz der Seele unmittelbar in Beziehung steht, nämlich jenes Themenfeld, welches mit Begriffen wie ‚See-

---

97 Vgl. diesbezüglich J. Zumstein, Art. Seele; III: Christentum; 1. Neues Testament, 1100. Entsprechend beantwortet B. Janowski, Seele, 37 die Frage, ob angesichts der Divergenzen der alttestamentlich-frühjüdischen Implikationen des Begriffs שֶׁפֶנ und der philosophiegeschichtlichen Hintergründe des Begriffs ψυχή in deutschen Übersetzungen der Begriff ‚Seele' prinzipiell vermieden werden sollte: „Ja und Nein! *Ja*, wenn man versucht, den alttestamentlichen Begriff [...] mit Hilfe von metaphysischen Konzeptionen zu erklären, die der Philosophiegeschichte des Abendlandes entstammen. *Nein*, wenn man die Potenzen, die in den antiken Diskursen über die »Seele« (ψυχή/*anima*) zu Tage treten, aufnimmt und wirkungsgeschichtlich einzuordnen versucht."

98 Während dieses Phänomen signifikant bereits an den von Paulus im Kontext von 1 Kor 15* kritisierten Vorstellungen zutage tritt, wird bei Schriften wie De resurrectione mortuorum ([Ps.]-Athenagoras), De resurrectione carnis (Tertullian) oder De anima et resurrectione (Gregor von Nyssa) der Bezug zur Auferstehungsthematik bereits programmatisch durch die gewählten Titel hervorgehoben. Zu entsprechenden Werken und ihren diskursgeschichtlichen Verortungen vgl. u.a. H. Lona, Auferstehung, passim; N. Kiel, Ps-Athenagoras, passim; S. Leuenberger-Wenger, Identität, passim; U. Volp, Tod, 119ff.; H. Meissner, Rhetorik, passim; J. Zachhuber, Seele, 211-232.

lenwanderung', ‚Reinkarnation', ‚Transmigration', ‚Metempsychose', ‚Metemsomatosis', ‚Palingenese', ‚kontinuierliche Manifestation der Einen Wirklichkeit' etc. bezeichnet wird[99].

Die Eigentümlichkeit dieses Phänomens kann eindrücklich an
kirchlichen Anathematisierungen (Lehrverurteilungen) erläutert
werden, die in einem bereits sehr fortgeschrittenen Stadium der
Auseinandersetzungen um platonisch-christliche Denkansätze
formuliert wurden, nämlich in den sogenannten ‚origenistischen
Streitigkeiten'[100]. So wenden sich z.B. das Edikt des Kaisers Justinian und die entsprechenden Beschlüsse der Synode von Konstantinopel im Jahr 543 n. Chr. in besonderer Deutlichkeit gegen
ein platonisches Verständnis von Seele im Generellen und gegen
das Motiv der Präexistenz der Seele vor einer körperlichen Geburt
im Speziellen:

Canones IX contra Origenem (Just. Ep. ad Menam, Anath.); I:
„Wenn einer sagt oder dafürhält, *die Seelen der Menschen seien*
präexistent gewesen, insofern sie früher Intelligenzen und heilige
Mächte gewesen seien (προϋπάρχειν τὰς τῶν ἀνθρώπων ψυχὰς οἷα
πρώην νόας οὔσας καὶ ἁγίας δυνάμεις); es habe sie aber Über-
druß ergriffen an der Schau Gottes, und sie hätten sich zum
Schlechten gewendet; *darum seien sie abgekühlt von der Liebe zu*

---

99 In Bezug auf die facettenreichen Terminologien mahnt J. Rahner, Eschatologie, 269 zu Recht: „Schon die drei, im umgangssprachlichen synonym verwendeten Begriffe zeigen an, dass nicht jeder das gleiche meint, wenn er von Reinkarnation, Seelenwanderung oder Wiedergeburt spricht. Man muss die konkret damit
verbundenen Vorstellungen im Einzelnen erfragen, um sich ein konkretes Bild zu
machen." Zu unterschiedlichen Begriffen und ihren jeweiligen quellensprachli-
chen Bezugsgrößen vgl. A. Grünschloß, Diskurse, 19f.; W. Brugger, Art. Seelenwanderung, 576-578; W. Burkert, Art. Seelenwanderung, 118; H.-P. Hasenfratz,
Seelenwanderung, 1f.; L. Lies, Reinkarnation, 139f. bzw. M. von Brück, Leben,
bzw. 31ff. bzw. 283-414, der meines Erachtens zu Recht den Begriff der „kontinuierlichen Manifestation der Einen Wirklichkeit" in die Diskussion einbringt,
um alternative Verständnisse von ‚Zeit' terminologisch zum Ausdruck bringen zu
können.

100 Zu Terminologie, zeitlichen Verortungen und Themen vgl. F. Schupp, Geschichte, 37f.

Gott, hätten davon den Namen ,Seelen' bekommen (καὶ διὰ τοῦτο ἀποψυγείσας μὲν τῆς τοῦ θεοῦ ἀγάπης, ἐνθεῦθεν δὲ ψυχὰς ὀνομασθείσας) und seien zur Strafe in Körper hinabgeschickt worden – so sei er im Banne".[101]

Diese im Rahmen der Synode in Konstantinopel thematisierten kirchenrechtlichen Verwerfungen wurden auf dem zweiten Konzil von Konstantinopel im Jahr 553 n. Chr. explizit bestätigt[102]. Die dabei formulierten 15 Anathematisierungen lassen noch deutlicher als die 9 Lehrverurteilungen von 543 n. Chr. die eingangs erwähnte Eigentümlichkeit erkennen. Auch in diesem Zusammenhang wird im Sinne der platonischen Vorgaben von einem Entwicklungsprozess gesprochen, durch welchen jener Zustand wiedererlangt werden soll, in welchem sich die Seelen ursprünglich befunden haben. Dies kann exemplarisch an der einleitenden und abschließenden Lehrverurteilung veranschaulicht werden:

Canones XV contra Origenem sive Origenistas (anath. Syn. Const.), 1.: „Wenn einer die erdichtete Präexistenz der Seelen und ihre daraus folgende *phantastische Wiederherstellung* (τερατώδη ἀποκατάστασιν) vertritt – so sei er im Banne"[103]. (...)

---

101 Zur Texttradition und Übersetzung vgl. H. Görgemanns/H. Karpp, Origenes, 822f.

102 Grundlegend hierzu J. C. Janowski, Allerlösung I, 102-117, die treffend diagnostiziert: „Die altkirchlichen Anathematisierungen einer Apokatastasis panton beziehen sich 543 eindeutig auf *Origenes*. 553 richten sie sich faktisch gegen eine *spezielle Richtung des Origenismus*, die vor allem durch *Evagrius Ponticus* (ca. 345-399), Schüler von Gregor von Nazianz, repräsentiert wurde, sich unter dem Einfluß des in spezifischer Weise radikal pantheistischen *Stephan bar Sudaili* verschärfte und besonders im palästinischen Mönchtum des 6. Jahrhunderts vertreten war. Hier wie dort richten sie sich damit gegen *Apokatastasis-panton-Modelle, die formal Konsequenzen sind von Prämissen, die primär anathematisiert werden.*" (op. cit., 102; Kursiv von J. C. J.).

103 Zur Texttradition und Übersetzung vgl. H. Görgemanns/H. Karpp, Origenes, 824f.

Canones XV contra Origenem sive Origenistas (anath. Syn. Const.), 15.: „Wenn einer sagt: *Der Zustand der Intelligenzen werde der gleiche sein wie früher* (ἡ ἀγωγὴ τῶν νοῶν ἡ αὐτὴ ἔσται τῇ προτέρα), als sie noch nicht herabgestiegen oder gefallen waren, so dass der Anfang gleich dem Ende ist und das Ende das Maß des Anfangs – so sei er im Banne"[104].

Vor diesem Hintergrund kann die angesprochene Eigentümlichkeit leicht erläutert werden: Diese Beispieltexte lassen ebenso wie die mit ihnen in Beziehungen stehenden Lehrverurteilungen deutliche Analogien zu den platonischen Motiven einer himmlischen Heimat der unsterblichen Seelen und ihrer Rückkehr dorthin erkennen. Keine explizite Erwähnung erfährt jedoch jene Facette der Philosophie Platons, die für diesen Prozess von zentraler Bedeutung ist, nämlich die Seelenwanderungslehre Platons. Weder die sogenannten Origenisten, noch Origenes selbst werden dafür verurteilt, dass sie eine Seelenwanderungslehre vertreten haben sollen. Gleichwohl ist unstrittig, dass das Themenfeld in diesen Auseinandersetzungen implizit präsent ist[105].

Wenn somit in den Beiträgen der Reihe ‚Platonisches Christentum' der Seelenwanderungslehre Platons eine besondere Aufmerksamkeit gewidmet wird, so wird damit ein Diskurs fortgeführt, welcher in jenen spätantiken und frühmittelalterlichen Entwicklungen vorgezeichnet ist. Dieses Anliegen wird im folgenden Arbeitsschritt erläutert.

---

104 Zur Texttradition und Übersetzung vgl. H. Görgemanns/H. Karpp, Origenes, 830f.

105 Treffend konstatiert H.-P. Hasenfratz, Art. Seelenwanderung I, 3: „Damit fällt automatisch auch jede Seelenwanderungslehre."

2.7 Seelenwanderung als Seelenwachstum: Wiederbelebungen der Seelenwanderungslehre Platons

An dem Thema ‚Seelenwanderung' treten nahezu alle methodischen Probleme zutage, die bei einer Interpretation der platonischen Dialoge zu berücksichtigen sind[106]. Gleichwohl kann ein Sachverhalt festgehalten werden: Platon hat nicht nur einzelne Facetten von Seelenwanderungs*vorstellungen* thematisiert, sondern er gestaltete eine in hohem Maße reflektierte Seelenwanderungs*lehre*[107]. Dabei hat Platon innovative Konzepte mit verschiedenen Vorgaben verbunden, die unter anderem bereits in orphischen oder pythagoreischen Traditionen vorlagen. Dies führt dazu, dass die Seelenwanderungsvorstellung ihre „künstlerisch vollendetste Gestalt ... im Platonischen Seelenmythos"[108] erfährt. Vorausgreifend soll angedeutet werden, welche Details dieses Systems für die vorliegende Fragestellung von besonderer Bedeutung sind: Platon zufolge hat Gott als Schöpfer der vorfindlichen Welt die einzelnen Seelen geschaffen, die als ein ‚himmlisches Gewächs' unsterblich sind. Im Verlauf vieler Inkarnationen durchleben die einzelnen Seelen Wachstumsprozesse. Diese Entwicklungen die-

---

106 Dies betrifft unter anderem die Frage etwaiger Entwicklungsstufen in der Philosophie Platons, das Verhältnis mythen-kritischer, rational-logischer und mythologischer Sprachebenen, die Frage nach der Bedeutung mittelplatonischer und neuplatonischer Deutungen der Dialoge Platons, die Frage nach den sogenannten ‚ungeschriebenen Lehren' etc.

107 Treffend resümiert H. Zander, Seelenwanderung, 74: „Bei diesem Übervater der europäischen Philosophiegeschichte ist [...] eindeutig nachweisbar, daß er von Seelenwanderung gesprochen hat und wie sie in Details aussah." Zu den einzelnen Aspekten der Seelenwanderungslehre Platons und ihren Bezügen zu weiteren Facetten platonischen Denkens verweise ich auf meine Vorarbeiten in E. E. Popkes, Erfahrungen I, 118-134 und die dort dokumentierten Forschungsdiskussionen. Speziell zu dem Verhältnis der Seelenwanderungslehre Platons zu der in der Einleitung des Dialogs *Timaios* formulierten Zielbestimmung des sichtbaren Kosmos sei zudem verwiesen auf den dritten Band der Reihe ‚Platonisches Christentum': Die Theologie Platons: Hintergründe eines platonischen Christentums; Kapitel 7: Gott als Schöpfer.

108 So H.-P. Hasenfratz, Seelenwanderung, 2.

nen sowohl den einzelnen Seelen, als auch dem sichtbaren Kosmos. Einerseits kehren die Seelen, die ihren Wachstumsprozess vollendet haben, in ihre himmlische Heimat zurück, aus der sie ursprünglich stammen. Andererseits sollen die Seelen während einer Inkarnation ihren Teil dazu beitragen, dass das Anliegen realisiert wird, dass Gott mit der Erschaffung des sichtbaren Kosmos verfolgte. Dieses Anliegen formuliert Platon eindrücklich mit den ersten Worten des von ihm gestalteten Schöpfungsmythos, welchen er in den Dialog *Timaios* einbettet:

„Geben wir denn an, aus welchem Grund der Schöpfer das Entstehen und dieses Weltall schuf. Er war gut; in einem Guten erwächst nimmer und in keiner Beziehung irgendwelche Mißgunst. Von ihr frei, wollte er, daß alles ihm möglichst ähnlich werde (Plato Tim. 29 e 1-4)."[109]

Diese Facetten der Lehre Platons stehen jenen Vorstellungen nahe, die in der christlichen Theologiegeschichte mit Begriffen wie ‚Allversöhnung', ‚Allerlösung' oder ‚Apokatastasis Panton' bezeichnet wurden und die ihrerseits durch Auseinandersetzung mit den platonischen Vergleichsgrößen beeinflusst wurden[110]. Ein weiteres zentrales Merkmal der Seelenwanderungslehre Platons besteht darin, dass jener Wachstumsprozess von Gott und ‚göttlichen Wesen' begleitet wird (eindrücklich tritt diese platonische Gestaltung von ‚Schutzengel-Vorstellungen' im Schluss-Mythos des Dialogs *Politeia* zutage: Plat Polit Polit. 617 e 1-2; 619 2 1-3;

---

109 Zum Übersetzungsvorschlag vgl. F. D. E. Schleiermacher/F. Müller (K. Widdra), Platon, Bd. 7, 205.

110 In Bezug auf zwei der prominentesten Theologen des alexandrinischen Christentums konstatiert z.B. A. M. Ritter, Eschatologie, 205f.: „Erst recht erweisen sich die eschatologischen Vorstellungen der beiden Alexandriner, Klemens und Origenes, als vom Platonismus tief geprägt, ohne den es auch, um nur dieses Beispiel aufzugreifen, (trotz 1. Kor 15,28) wohl kaum zur Ausbildung der Allversöhnungslehre (ἀποκατάστασις πάντων) gekommen wäre." Tendenziell ähnlich M.-B. von Stritzky, Phaidrosinterpretation, 282-297.

620 d 9 - e 1)[111]. Vor allem jedoch sind die einzelnen Seelen an den Gestaltungen ihrer Inkarnationen beteiligt (Plato Polit. 617 e 6). Sie wählen u.a. selbst jene ‚Wächter des Lebens und Vollender des Gewählten' (vgl. Plat Polit 620 d 9 - e 1). Diese Facetten der Philosophie Platons wurden in der Geschichte des antiken Platonismus vielfach rezipiert und diskutiert. Sie prägten auch viele jener platonisch-christlichen Konzepte, welche im Zuge der Formierung des biblischen Kanons und der Dogmen- und Bekenntnisbildungen verdrängt wurden[112].

In Bezug auf die Rezeptionsgeschichte der Seelenwanderungslehre Platons muss jedoch ein Sachverhalt beachtet werden, der in mehrfacher Hinsicht ebenso eigentümlich wie herausfordernd ist. Die Eigentümlichkeit wird erkennbar, wenn man neuzeitliche Auseinandersetzungen mit Seelenwanderungsvorstellungen betrachtet. Generell kann festgehalten werden, dass sich an der zunehmenden Popularität von Seelenwanderungsvorstellungen die allmähliche „Etablierung einer alternativen Eschatologie"[113] in der europäischen Theologie- und Philosophiegeschichte beobachten lässt. Nachdem dieselben zunächst nur marginal in einigen intellektuellen Diskursfeldern debattiert wurden, zogen sie in unterschiedlichsten gesellschaftlichen Kontexten eine stetig steigende Aufmerksamkeit auf sich. Dies gilt keineswegs nur für die facettenreichen Formen sogenannter ‚neureligiöser Bewegungen', deren prägende Gestalten komplexe Reinkarnationsvorstellungen mit subjektiven Erfahrungen begründeten, also mit Variationen

---

111 Zu diesen u.a. als ‚Daimonia' bezeichneten Entitäten vgl. ferner Plato Apol. 31 c; Phaidr. 242 b 7-242 d 1; Krat 398 b 7 - c 4; Nom 905 a 6 etc. und die Traditionen zu dem Daimonion des Sokrates. Ausführlich werden diese Aspekte im dritten Band der Reihe ‚Platonisches Christentum' entfaltet: Die Theologie Platons: Hintergründe eines platonischen Christentums; Kapitel 8: Die Seelsorger Gottes: platonische Schutzengel-Vorstellungen.

112 Vorausgreifend sei verwiesen auf die entsprechenden Züge des Thomasevangeliums und des im Rahmen der Thomasakten überlieferten Perlenlieds.

113 So H. Zander, Seelenwanderung, 343.

einer jeweiligen „Privatoffenbarung"[114] (exemplarisch sei verwiesen auf Hippolyte Léon Denizard Rivail alias Allan Kardec, Helena Petrovna Blavatsky oder Rudolf Steiner, welche repräsentativ für jene Bewegungen sind, die mit Begriffen wie ‚Spiritismus', ‚Theosophie' oder ‚Anthroposophie' bezeichnet werden). Sympathien zu Seelenwanderungsvorstellungen begegnen vielmehr auch bei verschiedensten Diskursteilnehmerinnen und Diskursteilnehmern aus Bereichen wie Literatur, Dichtung, Musik, Theater, Film, Philosophie etc. Bis in die Gegenwart hinein gewinnen derartige Vorstellungshorizonte neue Formen einer gesellschaftlichen Präsenz[115]. In dieser Hinsicht verwundert es kaum, dass verschiedentlich konstatiert wurde, dass Seelenwanderungsvorstellungen zu denjenigen Aspekten religiöser Systeme gehören, die neuzeitlich und zeitgenössisch den höchsten Zulauf erfahren, während gleichzeitig traditionelle eschatologische Konzepte zunehmend an Plausibilität verlieren (dies gilt besonders für die Vorstellung einer körperlichen Auferstehung[116]).

Theologisch-kirchliche Diskursteilnehmerinnen und Diskursteilnehmer standen diesen Entwicklungen oft skeptisch gegenüber, und zwar mit verschiedenen Variationen der These, dass Seelenwanderungsvorstellungen mit zentralen Aspekten christlicher Systeme nicht zu vereinbaren wären[117]. Schrittweise Öffnungen

---

114 So S. Gripentrog, Anormalität, 67f. Der um Neutralität bemühte Begriff ‚neureligiöse Bewegungen' versucht die zumeist negativ konnotierten Bezeichnungen wie ‚Sekte', ‚Esoterik' etc. zu vermeiden. Zur genauer Erläuterung vgl. u.a. H. Knoblauch, Religion, 15ff.; W. J. Hanegraaff, Esotericism, 336-340; N. Bischofberger, Reinkarnationsgedanke, 16-18; H. Obst, Reinkarnation, 173ff. etc.

115 Exemplarisch sei verwiesen auf Phänomene wie sogenannte ‚Reinkarnationstherapien' (vgl. u.a. T. Dethlefsen, Leben, passim) oder ‚empirische Reinkarnationsforschungen' (diesbezüglich sei u.a. I. Stevensen, Reinkarnation, passim erwähnt, welcher an der University of Virginia eine Professur für Parapsychologie innehatte). Vgl. R. Sachau, Reinkarnationsvorstellungen, 99f.; H. Zander, Seelenwanderung, 567-570.

116 Zu entsprechenden religionssoziologischen Perspektiven vgl. H. Knoblauch, Religion, 174f.; N. Bischofberger, Reinkarnationsgedanke, 18-21.

117 Ausführlich hierzu N. Bischofberger, Reinkarnationsgedanke, 107ff.; H. Zander, Seelenwanderung, 515ff.; M. van Brück, Leben, passim.

der Diskurse führten jedoch dazu, dass Seelenwanderungsvorstellungen inzwischen auch auf der Ebene einer wissenschaftlichen Theologie als mögliche Denkansätze christlicher Welt- und Menschenbilder diskutiert werden. Da diese Erwägungen oftmals mit interreligiösen Verständigungen einhergehen, werden zumeist Seelenwanderungsvorstellungen fernöstlicher Herkunft aufgenommen[118].

Vor diesem Hintergrund kann die zuvor angesprochene Eigentümlichkeit leicht veranschaulicht werden: In den skizzierten neuzeitlichen Auseinandersetzungen mit Seelenwanderungsvorstellungen wird ein genuines Erbe der europäischen Geistesgeschichte kaum rezipiert und diskutiert, nämlich die Seelenwanderungslehre Platons[119]. Der Grad dieser Eigentümlichkeit spitzt sich noch weiter zu, wenn bedacht wird, dass auch in den verschiedenen Formen von Revitalisierungen, welche die Philosophie Platon bereits erfahren hat, dieser Bereich seines Werks nur selten berücksichtigt wurde, obwohl derselbe keineswegs als schmückendes Beiwerk der von Platon konzipierten Mythen verstanden werden kann[120]. Derartige rezeptionsgeschichtliche Ausblendungsprozesse können jedoch nicht als Argument angeführt werden, dass die

---

118 Dies gilt im besonderem Maße für verschiedene Formen buddhistischer Traditionen. Exemplarisch sei verwiesen auf die Diskursbeiträge des instruktiven Sammelbands von P. Schmidt-Leukel (Hg.), Reinkarnation, passim; ferner J. Hick, Life, 297-310; M. van Brück, Leben, 283-315; R. Sachau, Reinkarnationsvorstellungen, 57-75 bzw. 279-302; N. Bischofberger, Reinkarnationsgedanke, 279-282; C. Gestrich, Seele, 218-225 etc.

119 Auch wenn z.B. S. Vollenweider, Reinkarnation, 327 zu Recht hervorhebt, dass „man den Sachverhalt zu schnell aus(blendet), dass der Glaube an die wiederholten Lebensläufe der Seele mit zu den ältesten Stücken abendländischer Geistesgeschichte gehört", so nimmt die Seelenwanderungslehre Platons in diesen Konzepten nochmals eine Sonderstellung ein.

120 Ein eindrückliches Beispiel hierfür ist die Rezeption platonischen Denkens im Werk von Marsilio Ficino, in dem sich keine Vorstellungen von einer Präexistenz der Seele, geschweige denn von einer Seelenwanderung finden lassen (ausführlich hierzu J. Lauster, Erlösungslehre, 119). Dies kann auch kaum verwundern, insofern dieselben im Zeichen der Verurteilungen von 543 und 553 n. Chr. „sofort die Inquisition auf den Plan gerufen" hätten (so treffend H. Obst, Reinkarnation, 101).

Potenziale dieser Denkansätze Platons nicht weiter diskutiert werden müssen. Sie fordern vielmehr dazu heraus, jene verborgenen Diskurse neu zu beleben und fortzuführen

> *Leit-These 1.6:* Im Rahmen eines ,Platonischen Christentums' werden auch jene Diskurse fortgeführt, welche die Geschichte des frühen Christentums prägten und im Zuge der Formierung des biblischen Kanons und der Bekenntnis- bzw. Dogmenbildungen verdrängt wurden.

Das skizzierte Desiderat ist umso mehr zu beklagen, wenn bedacht wird, dass Auseinandersetzungen mit der Seelenwanderungslehre Platons bereits in der Geschichte des frühen Christentums in verschiedenen Kontexten begegnen. Um veranschaulichen zu können, in welcher Weise diese Diskurse in der Reihe ,Platonisches Christentum' revitalisiert werden sollen, wird im Folgenden skizziert, welche Fragestellungen dieselben geprägt haben. Ebenso wird angedeutet, welchen Themen weiterführende Potenziale innewohnen, auch wenn sie seinerzeit noch nicht präsent waren.

2.8 Christliche Kritik an der Seelenwanderungslehre Platons

Prinzipiell muss hervorgehoben werden, dass zwischen frühchristlichen Auseinandersetzungen mit Seelenwanderungsvorstellungen im Generellen und mit der Seelenwanderungslehre Platons im

Speziellen unterschieden werden muss[121].

Die Bedeutung dieser Unterscheidung lässt sich an jenen sieben Fragen erläutern, die Clemens Alexandrinus als die zentralen Fragen einer gnostischen Erlösungslehre referiert (Clemens, Exc. Thedot. 78,2):

1. Frage: τίνες ἦμεν;	Wer waren wir?
2. Frage: τί γεγόναμεν;	Was sind wir geworden?
3. Frage: ποῦ ἦμεν;	Wo waren wir?
4. Frage: ποῦ ἐνεβλήθημεν;	Wohinein sind wir geworfen?
5. Frage: ποῦ σπεύδομεν;	Wohin eilen wir?
6. Frage: πόθεν λυτρούμεθα;	Wovon sind wir befreit?
7. Frage: τί γέννησις;	Was ist Geburt?
τί ἀναγέννησις;	Was ist Wiedergeburt?

Auch wenn derartige Fragen einen großen Interpretationsfreiraum bieten, scheinen sie im weitesten Sinne die Vorstellungen von einer Präexistenz der Seele oder einer Seelenwanderung vorauszusetzen[122]. Da sie in Variationen in unterschiedlichen Sys-

---

121 Eine konsistente Aufarbeitung der Geschichte der Auseinandersetzungen mit spezifisch platonischen Seelenwanderungsvorstellungen im frühen Christentum ist ein Forschungsdesiderat. Verhältnismäßig viele Diskursbeiträge gibt es demgegenüber zu generellen Auseinandersetzungen mit Seelenwanderungsvorstellungen. Vgl. u.a. H. Zander, Seelenwanderung, 137-146; C. A. Keller, Art. Reincarnation I: Antiquity, 980-984; T. Kobusch, Rezeption, 68-73; K. Hoheisel, Seelenwanderung, 25-46; H. Obst, Reinkarnation, 90-97; L. Scheffczyk, Reinkarnationsgedanke, passim; H. Frohnhofen, Reinkarnation, 236-244; V. K. Downing, Doctrine, 99-112; N. Brox, Seelenwanderung, 427-430; N. Bischofberger, Reinkarnationsgedanke, 180ff.; J. Rahner, Eschatologie, 269f.; S. Vollenweider, Reinkarnation, passim; C. Schönborn, Quelques notes, 159-180; A. Michaels, Reinkarnation, 159-171; R. Sachau, Reinkarnationsvorstellungen, passim; C. Gestrich, Seele, 218-225; C. Riedweg, Seelenwanderung, 328-330 etc.

122 Auch wenn diese Fragen von Clemens Alexandrinus im Kontext einer Auseinandersetzung mit Theodotus referiert werden, so lassen sie Fragestellungen erkennen, die auch in nicht-gnostischen Traditionen unterschiedlicher Provenienz begegnen könnten. Zu Diskussionen entsprechender Vorstellungen vgl. W. Löhr, Basilides, 138-144; ferner K. Koschorke, Polemik, 209f.; H. Köster, GNOMAI DIAPHOROI, 131; H.-J. Klauck, Umwelt, 147f.

temen der antik-mediterranen Umwelt des frühen Christentums begegnen können, veranschaulichen sie, dass „es im paganen wie im christlichen Lehrbetrieb um dieselben grundsätzlichen Fragen ging."[123] Ebenso lassen sie erkennen, in welchen frühchristlichen Diskursen Seelenwanderungsvorstellungen besonders oft debattiert wurden, nämlich in Auseinandersetzungen mit sogenannten ‚gnostischen Systemen'. Wie im vorhergehenden Arbeitsschritt erläutert wurde, wird in derartigen Systemen der vorfindliche Kosmos als die prinzipiell defizitäre Schöpfung eines niederen göttlichen Wesens verstanden. Das System-Element ‚Seelenwanderung' erfüllt dabei die Funktion, die göttlichen Seelenanteile menschlicher Existenz in jener defizitären Schöpfung gefangen zu halten[124]. Dies widerspricht jedoch signifikant wesentlichen Aspekten der Seelenwanderungslehre Platons. Dies gilt einerseits für das Motiv, dass jede Inkarnation einer Seele einem Wachstumsprozess dient, und zwar sowohl in Bezug auf die einzelnen Seelen als auch in Bezug auf den sichtbaren Kosmos. Andererseits ist Platon zufolge jede Seele an der Gestaltung der jeweiligen Inkarnation beteiligt. Vorstellungen von einem bewusst gewählten Entwicklungsprozess begegnen in christlichen Auseinandersetzungen mit platonischen Seelenwanderungsvorstellungen kaum. Vor allem jedoch ist in der Konzeption Platons das Ziel jenes Wachstumsprozesses die Gleichwerdung der Seelen und des Kosmos mit Gott, der als reine Güte und als die Quelle alles Guten verstanden wird[125]. Dieses Motiv ist

---

123 So C. Markschies, Valentinus, 390, der auf eine vergleichbare Zusammenstellung derartiger Fragen verweist, die bereits im ersten Jahrhundert von einem Autor wie Persius im Sinne einer Parodie formuliert wurde.

124 Signifikant tritt dies in verschiedenen gnostischen Originalzeugnissen zutage, die im Rahmen der sogenannten Nag-Hammadi-Kodizes gefunden wurden. Paradigmatisch hierfür sind die verschiedenen Fassungen des sogenannten Johannesapokryphons, welches ein detailliertes gnostisches System überliefert. Repräsentativ für viele Einschätzungen konstatiert A. H. B. Logan, Gnostic Truth, 198 Anm. 26: „The interpretation of Gen 1:26 in AJ ... represents the fundamental type of Gnostic anthropology." Ähnlich urteilen u.a. R. van den Broek, Adams' physic body, 70; G. P. Luttikhuizen, Gnostic Revisions, 17ff.

125 Vgl. die entsprechenden Angaben zu Plato Tim. 29 e 1-4 in Kapitel 2.7.

jedoch weder mit einer gnostischen Verwerfung der vorfindlichen Schöpfung und ihres Schöpfers, noch mit einer rein zyklisch gedachten Form von Seelenwanderung vereinbar[126].

Wenn hingegen gefragt wird, ab wann und in welcher Weise frühchristliche Auseinandersetzungen mit spezifisch platonischen Seelenwanderungsvorstellungen zu beobachten sind, so kann zunächst festgehalten werden, dass dieselben in biblischen Traditionen kaum begegnen[127]. Gleichwohl wurde immer wieder von Vertreterinnen und Vertretern neuzeitlicher und zeitgenössischer Reinkarnationsvorstellungen versucht, innerkanonische Bezugspunkte zu konstruieren[128]. Dies gilt vor allem für jene argumentativen Kontexte, in denen die Motive einer ‚Wiedergeburt' oder einer ‚Geburt von Oben' thematisiert werden (vgl. u.a. Joh 1,13; 3,3.5; Tit 3,5; 1 Petr 1,3.23; 2,2). Religionshistorisch betrachtet können diese Motive jedoch nicht zum Spektrum von Seelenwanderungsvorstellungen gerechnet werden, sondern sie umschreiben zumeist den „Eintritt in eine neue religiöse Gemeinschaft"[129].

---

126 Aus diesem Grund werden viele Diskursbeiträge, die sich in einem generellen Sinne den frühchristlichen Auseinandersetzungen mit Seelenwanderungsvorstellungen widmen, der Spezifität der platonischen Konzeption nicht gerecht. Paradigmatisch hierfür formuliert L. Scheffczyk, Reinkarnationsgedanke, 39: „Das Ereignis Christi prägt die Denkform der Geschichtlichkeit vollkommen aus, die gekennzeichnet ist durch Einmaligkeit, Unableitbarkeit, Endgültigkeit, von seiten des Menschen aber durch die Verpflichtung zur Entscheidung. Sie unterscheidet sich wesentlich vom griechischen Kreislaufdenken, in dem der Mensch schicksalhaft determiniert erscheint. Die Einmaligkeit des Christusgeschehens sprengt den Zyklus auf, macht aus ihm eine ansteigende Bewegung mit einem höchsten göttlichen Vollendungsziel, das eine Wiederholung der Bewegung ausschließt."

127 Zur singulären Sonderstellung von SapSal 8,19f. vgl. Anm. 96.

128 Zuweilen wurde auch postuliert, dass dieselben textgeschichtlich eliminiert worden seien. Derartige Ansätze finden sich v.a. bei Autoren anthroposophischer oder sogenannter ‚esoterischer' Provenienz. Zu Autoren wie u.a. J. M. Pryse, Reinkarnation, passim; R. Steiner, Grundelemente, 65; R. Passian, Wiedergeburt, passim vgl. H. Zander, Seelenwanderung, 119-125; N. Bischofberger, Reinkarnationsgedanke, 72-89.

129 So F. Back, Wiedergeburt, 70. Zur sprachlichen Nähe und inhaltlich-sachlichen Differenz der jeweiligen Konzepte vgl. u.a. U. U. Kaiser, Wiedergeburt, passim; F. Back, Wiedergeburt, 45-73; R. Feldmeier, Wiedergeburt, 75-99; J. Frey, Eschatologie III, 242-321.

Explizite Auseinandersetzungen mit platonischen Seelenwanderungsvorstellungen begegnen in nicht-kanonischen Zeugnissen unter anderem in apologetischen und polemischen Kontexten. Dabei werden die ins Feld geführten Argumente zuweilen in verschiedenen Variationen wiederholt[130]. Eine oftmals angeführte Kritik besteht in der Frage, welchen Sinn die platonische Vorstellung haben soll, dass eine Seele vor einer erneuten Inkarnation ihr Wissen und ihre Identität immer wieder vergessen muss. Mit anderen Worten: Wozu soll ein Lernprozess in einer erneuten Einkörperung dienen, wenn der ‚Lerngewinn' der vorhergehenden Inkarnation wieder vergessen wird? Dieses oftmals wiederholte Argument begegnet bereits bei Justin dem Märtyrer, welcher eines der ältesten Zeugnisse des frühen Christentums verfasst hat, in dem sowohl formal als auch inhaltlich-sachlich explizit auf die Dialoge Platons im Generellen und die Seelenwanderungslehre im Speziellen Bezug genommen wird:

Iustin, Dial VI, 5: „Was für einen Nutzen haben nun die Seelen, welche Gott gesehen haben? Oder was hat der, welcher ihn gesehen hat, vor dem, der ihn nicht gesehen hat, voraus, wenn er sich nicht einmal daran erinnert, ihn gesehen zu haben?"[131]

Eine entsprechende Kritik formuliert auch ein Autor, der für seinen Sarkasmus und seine anschauliche Sprache bekannt ist,

---

130 Zur Übersicht dieser Argumente vgl. H. Zander, Seelenwanderung, 126-152. Sie begegnen bei Autoren aus unterschiedlichen chronologischen, kulturellen und geographischen Kontexten der antik-mediterranen Religions- und Philosophiegeschichte. Dies gilt für nicht-christliche Autoren wie den Satiriker Lukian von Samosata ebenso wie für die häresiologischen oder apologetischen Werke von u.a. Irenäus von Lyon, Tertullian, (Pseudo-)Athenagoras, Origenes und schließlich auch für Augustinus, dem wirkungsmächtigsten Denker des lateinischen Christentums.

131 Zum Übersetzungsvorschlag vgl. K. Greschat/M. Tilly, Dialog, 46. Speziell zur Rezeption des Schlussmythos des Dialogs Politeia in Iustin, Apologie I. 40ff. vgl. D. Cürsgen, Rationalität, 160f.; E. Pagels, Theologie, 97-130; M. Maritano, Giustino Martire, 231-281.

nämlich Tertullian. Letzterer wirft Platon vor, dass er von den Strukturen von Reinkarnationen, die er u.a. im Schlussmythos des Dialogs *Politeia* darlegt, doch eigentlich gar keine Kenntnis haben kann. Wie alle übrigen Wiedergeborenen hätte doch auch er selbst den ‚Trank des Vergessens' zu sich nehmen müssen[132].

Besonders häufig wurde jedoch eine Vorstellung kritisiert, die zwar nicht spezifisch platonisch ist, die aber auch in der Seelenwanderungslehre Platons begegnet, nämlich die Vorstellung, dass die Seele eines Menschen auch in Tieren oder Pflanzen inkarnieren kann. So wurde z.B. die Frage in den Raum gestellt, ob Anhänger einer solchen Vorstellung nicht zwangsläufig Vegetarier sein müssten, da sie ja sonst Gefahr laufen, verstorbene Verwandte zu verspeisen, die als Schwein, Huhn oder Rind wiedergeboren wurden. Ebenso würde die Gefahr bestehen, dass Kinder auf dem Rücken ihrer eigenen Eltern reiten, falls diese als Lasttiere wiedergeboren werden[133].

Während derartige Argumente Seelenwanderungsvorstellungen oft schlicht lächerlich machen sollten, lassen sich auch Diskurse beobachten, in denen ernsthaft diskutiert wird, inwieweit sich gerade in diesem Punkt platonische und biblische Welt- und Menschenbilder als unvereinbare Gegensätze erweisen. Besondere Aufmerksamkeit verdient auch diesbezüglich das Spätwerk *Contra Celsum* von Origenes, das in der Begegnung von Platonismus und frühem Christentum jene singuläre Diskurskonstellation dokumentiert, welche bereits viele neuzeitliche Diskurse vorweg-

---

132 Zu weiteren Variationen derartiger Argumente vgl. Tert., Apol. 48,2; Tert., An. 28,4-5; Iren, Haer. II 33 etc. Diese bereits in der Antike aufgeworfene Problematik entspricht jener eingangs skizzierten Frage, die auch gegenwärtig noch zu den einleitungswissenschaftlichen Grundproblemen einer Interpretation der Dialoge Platons gezählt werden kann, nämlich die Frage, welche Bedeutung man den von Platon selbst konzipierten Jenseitsmythen für ein Gesamtverständnis seines Denkens zugesteht. Wesentliche Aspekte seiner Seelenwanderungsvorstellung entfaltet Platon nämlich speziell in diesem Rahmen. Diesbezüglich verweise ich auf meine Vorarbeiten in E. E. Popkes, Erfahrungen I, 104-108 bzw. 118-134.

133 Zu entsprechenden Ausführungen vgl. u.a. Iustin, Dial. VI,5; Gregor von Nyssa, De Opificio Mundi, 28.

nimmt (vgl. die entsprechenden Ausführungen in Kapitel 2.2). Dabei wurde keineswegs nur konstatiert, dass Seelenwanderungsvorstellungen in biblischen Schriften nicht überliefert werden[134]. Es wurde ebenso kritisch hinterfragt, ob jene Konzepte überhaupt mit biblischen Vorstellungen von Erlösung und Auferstehung zu vermitteln sind. Dies gelte z.B. für die Frage, ob das Motiv eines stellvertretenden Sühnetodes Jesu mit einer Vorstellung von Erlösung zu vermitteln sei, in welcher die Seelenwanderung einem Seelenwachstum dient, für dessen Gelingen die einzelnen Seelen mitverantwortlich sind. Auch das von Paulus überlieferte Bekenntnis, dass Jesus der ‚Erstling der Auferstehung' sei (1 Kor 15,23), würde in einem solchen System keinen Sinn ergeben. Gleiches gelte für die Erwartung eines endzeitlichen Gerichtes, welches von Gott oder Christus vollzogen wird. Traditionen wie Mt 25,31-46; Apk 20,11-15; 1 Kor 15,23-28; Hebr 9,27f. würden von einem einmaligen Leben sprechen, über das in jenem Endgericht geurteilt wird. Die für biblische Endgerichtsvorstellungen zentrale Frage nach dem Verhältnis von Körper und Seele im Moment der Auferstehung wird u.a. eindrücklich in der Schrift *De resurrectione mortuorum* erörtert, die kirchlichen Traditionen zufolge von Athenagoras von Athen verfasst wurde. Auch wenn unklar ist, welches Entwicklungsstadium der Diskurse um platonisch-christliche Denkansätze diese Schrift widerspiegelt[135], kann in Bezug auf die vorliegende Fragestellung ein Sachverhalt unmissverständlich festgehalten werden: Der Verfasser grenzt sich von der Seelenwanderungsvorstellung des Pythagoras und Platons explizit ab und „korrigiert ... deren Vorstellung, indem er nicht von einer Inkarnation der Seele in andere Leiber spricht, sondern

---

134 Dieses Argument wird immer wieder u.a. von Origenes ins Feld geführt, der ja oftmals zu Unrecht zu einem Vertreter einer altkirchlich belegten Seelenwanderungsvorstellung stilisiert wurde. Bemerkenswerterweise formuliert er derartige Argumente speziell in der Auseinandersetzung mit den christentumskritischen Konzeptionen des Mittelplatonikers Kelsos (vgl. u.a. Orig., Cels. IV 17).

135 Zur Frage, ob diese Schrift von Athenagoras von Athen verfasst oder ihm nur sekundär zugeschrieben wurde, vgl. N. Kiel, Ps-Athenagoras, passim.

von der Einkörperung in die ursprünglichen σώματα."[136] Entsprechend wird zuweilen argumentiert, dass eine Seelenwanderungslehre nicht jenen eschatologischen Dimensionen gerecht wird, die in biblischen Erwartungen sowohl in Bezug auf die Seele als auch in Bezug auf den Körper vermittelt werden. Einerseits mache eine Beurteilung in einem Endgericht keinen Sinn, wenn die Identität der Person bzw. Seele nicht mehr gegeben sei[137]. Anderseits kann der Körper selbst „als Mitstreiter (συναθλῆσαν) und Wegbereiter (ὁμοπορεύτον) der Seele begriffen (werden), dessen Mühen belohnt werden sollen, indem er zusammen mit der Seele aufersteht."[138] Vor allem jedoch würden die biblischen Erwartungen hervorheben, dass das in jenem Endgericht gefällte Urteil einen endgültigen Charakter hat, und zwar als ewiges Leben oder als ewige Bestrafung (vgl. Mt 25,46; Apk 20,10.14f.).

Neben der Erwartung eines sogenannten ‚doppelten Gerichtsausgangs' gab es im frühen Christentum jedoch auch Hoffnungen auf eine Allversöhnung – und derjenige Theologe, der diese Hoffnung in einer grundlegenden Weise reflektiert hat, wurde zu Unrecht verschiedentlich zum Vertreter einer christlichen Seelenwande-

---

136 So N. Kiel, Ps-Athenagoras, 33.

137 Paradigmatisch hierfür formuliert z.B. Tert., An. 33,2: „ [...] der Sinn des Gerichts wird aufgehoben, wenn das Gefühl für Verdienst und Strafe fehlt. Das Bewusstsein von der gerechten Vergeltung wird aber fehlen, wenn der Zustand der Seelen sich ändert; es ändert sich der Zustand der Seelen jedoch, wenn sie nicht als dieselben fortbestehen bleiben." Zu entsprechenden Argumentationen wie Aug., Civ. 10,30 vgl. S. Vollenweider, Reinkarnation, 341.

138 So W.-M. Stock, Theurgisches Denken, 176 in Rekurs auf entsprechende Einschätzungen von Pseudo-Dionysius Areopagita (vgl. u.a. Dion Ar., e.h. 129,24-28: „Wenn nämlich der Entschlafene sein gottgefälliges Leben in Seele und Leib gelebt hat, wird neben der heiligen Seele auch der Leib verehrungswürdig sein, der mit ihr gemeinsam gerungen hat in den geheiligten Kampfesmühen. Daher gewährt die göttliche Gerechtigkeit ihr zusammen mit ihrem Leib die verdienten Ruhestätten, weil er ihr Weggefährte und Teilhaber an dem heiligen, bzw. entgegengesetzten Leben war." (Übersetzung von W.-M. Stock).

rungslehre stilisiert[139]. Dieser diskursanalytische Sonderfall wird im Folgenden betrachtet.

2.9 Origenes und die Seelenwanderungslehre Platons – ein diskursanalytischer Sonderfall

Verschiedentlich wurde versucht, einzelne altkirchliche Theologen als Stammväter einer Seelenwanderungslehre zu identifizieren. Letzteres gilt im besonderem Maße für prägende Gestalten des alexandrinischen Christentums, nämlich für Clemens Alexandrinus und vor allem für Origenes[140]. Doch obwohl Origenes nicht zu einem „Kirchenvater der Reinkarnationslehre"[141] stilisiert werden kann, so verkörpert er einen diskursanalytischen Sonderfall, der eine besondere Aufmerksamkeit verdient.

Um diesen Sachverhalt erläutern zu können, muss vergegenwärtigt werden, warum jede Auseinandersetzung mit Origenes mit fundamentalen methodischen Problemen konfrontiert ist. Die Probleme beginnen bereits bei der Frage, von welcher Person oder welchen Personen eigentlich gesprochen wird, wenn man nach dem christlichen Theologen Origenes fragt, insofern es verschiedene Träger dieses Namens in der fraglichen Zeit und Region

---

139 Grundlegend zu frühchristlichen Allversöhnungsvorstellungen im Generellen und den entsprechenden Konzepten bei Origenes im Speziellen vgl. I. Ramelli, Apokatastasis, passim; J. Adam. Versohnung, 5ff.; J. C. Janowski, Allerlösung I, 102-117; H. Rosenau, Allversöhnung, 113ff. etc.

140 Zur komplexen Diskussionslage vgl. u.a. C. Markschies, Origenes, 11f.; S. Vollenweider, Reinkarnation, 334ff.; S. Hausamman, Gott, 45-48; H. Zander, Seelenwanderung, 137-146, T. Kobusch, Rezeption 68-73; H. Crouzel, Origène, 203 etc.

141 So die berechtigte Kritik von H. Zander, Seelenwanderung, 137 an entsprechenden Ansätzen theosophischer und anthroposophischer Provenienz.

gab[142]. Ein weiteres zentrales Problem besteht darin, dass das monumentale Werk von Origenes nur partiell erhalten ist. Einerseits liegen von seinen ursprünglich in griechischer Sprache verfassten Texten zuweilen nur Fragmente vor. Andererseits dürfen Übersetzungen seiner Werke nur unter Vorbehalt zur Kenntnis genommen werden, insofern sich in ihnen bereits spätere Streitigkeiten um sein geistiges Erbe widerspiegeln können. Ebenso muss berücksichtigt werden, dass die Schriften von Origenes sehr unterschiedlichen Textgattungen zugeordnet werden können. Aus diesem Grund sollten die jeweiligen Konzepte nicht unmittelbar miteinander in Beziehung gesetzt werden. Dabei wird verschiedentlich erkennbar, dass Origenes sich unterschiedlichen religiösen und philosophischen Systemen annähert, um ihre Potenziale für Selbstreflexionen einer christlichen Identität abzuwägen. Inwieweit es sich hierbei um Annäherungen handelt, die letztlich auf eine Ablehnung oder auf eine Aufnahme der betrachteten Denkfiguren hinauslaufen, kann zuweilen nicht eindeutig geklärt werden. Des Weiteren ist oft unklar, in welcher Weise und gegenüber welchen Adressaten Origenes seine Überlegungen mitteilen wollte. Derartige Sachverhalte führen zu dem paradoxen Phänomen: In späteren theologiegeschichtlichen Streitigkeiten konnten sich Vertreter völlig konträrer Ansichten jeweils auf Origenes berufen.

Doch auch im Wissen um diese methodischen Probleme kann festgehalten werden, dass Origenes keine spezifisch platonische Seelenwanderungslehre in seine Erlösungslehre integriert hat. Wenn dies sein Anliegen gewesen wäre, so hätte er nicht zuletzt in seinem Spätwerk *Contra Celsum* die Gelegenheit gehabt, einen

---

142 Zu den nach wie vor kontroversen Diskussionen dieser Traditionslage sei verwiesen auf die instruktiven Beiträge von C. Riedweg, Origenes-Problem, 13–40; P. Gemeinhardt, Origenes, 41–60. Paradigmatisch hierfür ist die Frage, inwiefern Origenes und Plotin sich persönlich gekannt haben oder in Ammonius Sakkas sogar einen gemeinsamen Lehrer hatten (vgl. H.-R. Schwyzer, Ammonius Sakkas, 36f.; H. Ziebritzki, Weltseele, 30–41; J. Halfwassen, Plotin, 21f. bzw. 142f.; C. Markschies, Origenes, 3f.; J. Rohls, Philosophie, 144f.).

solchen Denkansatz zu etablieren (zu der analogielosen Diskurs-konstellation dieses Werkes sei auf die entsprechenden Ausfüh-rungen in Kapitel 2.2 zurückverwiesen). Der Mittelplatoniker Kelsos formulierte nämlich u.a. den Vorwurf, dass der christliche Glaube an eine körperliche Auferstehung der Toten durch eine falsche Interpretation der Seelenwanderungslehre Platons geprägt worden sei (vgl. u.a. Orig. Cels. 7,32[143]). Doch weder in diesem Zusammenhang, noch in weiteren thematisch naheliegenden Diskursfeldern spricht sich Origenes dafür aus, die Seelenwande-rungslehre Platons in christliche Systeme zu integrieren. Diesem Sachverhalt entspricht es, dass auch im Prozess einer kirchen-rechtlich bindenden Verurteilung („Anathematisierung") einzel-ner Facetten der Theologie des Origenes und der sich auf ihn berufenden Origenisten das Thema der Seelenwanderung nicht benannt wurde[144].

Warum man bei Origenes dennoch indirekt auch Affinitäten zur Seelenwanderungslehre Platons beobachten kann, kann an zwei anderen Themenfeldern erläutert werden, die ihrerseits konträre Beurteilungen erfahren. Hierbei handelt es sich einerseits um Mo-tive, welche eine Unsterblichkeit der Seele und deren Präexistenz

---

143 In Bezug auf die Kontrastierung der Seelenwanderungslehre Platons und der christlichen Hoffnung auf eine körperliche Auferstehung konstatiert M. Fiedro-wicz, Contra Celsum I, 74: „Origenes war sich durchaus bewusst, dass die Vertei-digung der christlichen Auferstehungslehre zu den schwierigsten Aufgaben der Glaubensreflexion gehört."

144 Im Kontext der sogenannten origenistischen Streitigkeiten standen demge-genüber v.a. die Vorstellung einer Allversöhnung und einer Präexistenz der Seele im Zentrum der Kontroversen. Beide Aspekte wurden im Zuge der Synode (543 n. Chr.) und des zweiten Konzils von Konstantinopel (553 n. Chr.) kirchenrechtlich bindend verworfen (zu den gegen Origenes erhobenen Vorwürfen vgl. die Ausfüh-rungen in Kapitel 2.6). Besondere Erwähnung verdient diesbezüglich jedoch auch Gregor von Nyssa. Obwohl letzterer ansonsten vielfach christliche und platonische Denkansätze positiv miteinander vermittelt (vgl. u.a. Anm. 41), kritisiert er insbe-sondere in seiner Schrift ‚Gespräche mit Makrina über Seele und Auferstehung' u.a. die platonisch inspirierte „Schöpfungskonzeption des Origenes und die damit in Verbindung gebrachte Lehre der Seelenwanderung" (vgl. S. Leuenberger-Wenger, Identität, 248; speziell zum Seelen-Begriff bei Gregor von Nyssa zudem J. Zachhu-ber, Seele, 211-232).

vor einer Geburt zu implizieren scheinen und andererseits um die Erwähnung sogenannter ‚Welten-Zyklen'.

Diese Sachverhalte sollen im Folgenden an zwei Beispielen erläutert werden, welche die Erschaffung und eschatologische Vollendung menschlicher Existenz thematisieren. Signifikant hierfür sind die Auslegungen, die Origenes zu Gen 1,26f.; 2,7 formuliert, also zu jenen beiden Texten, die für eine biblische Anthropologie von fundamentaler Bedeutung sind. Im Rahmen seiner Genesis-Homilien vermittelt Origenes die biblischen Motive in einer eindrücklichen Weise mit der an Platon orientierten Vorstellung von einem ‚inneren Menschen':

Orig., Gen. Hom I 13: *Hunc sane hominem, quem dicit ad imaginem Dei factum, non intellegimus corporalem. Non enim corporis figmentum Dei imaginem continet, neque factus esse corporalis homo dicitur, sed plasmatus, sicut in consequentibus scriptum est. Ait enim: „Et plasmauit Deus hominem", id est finxit „de terrae limo". Is autem, qui ad imaginem Dei factus, interior homo noster est, invisibilis et incorporalis, et incorruptus atque immortalis .*

„Unter diesem Menschen, von dem die Schrift sagt, er sei nach dem Bild Gottes erschaffen, verstehen wir gewiss nicht den leiblichen. Denn nicht die leibliche Gestalt enthält das Bild Gottes, und beim leiblichen Menschen heißt es nicht, er sei erschaffen, sondern geformt, wie im Folgenden geschrieben steht. Die Schrift sagt nämlich: ‚Und Gott formte den Menschen', das heißt er bildete ihn, ‚aus dem Schlamm der Erde'. Der aber, der nach dem Bild Gottes erschaffen wurde, ist unser innerer Mensch, unsichtbar, unkörperlich, unverderblich, unsterblich."[145]

---

145 Zur Textedition, Übersetzung und zur Profilierung dieses Motivs im Rahmen der Genesis-Homilien des Origenes vgl. P. Habermehl, Origenes, 9-12 bzw. 51.

Wenn man diese Motivik im Sinne der platonischen Bezugstexte deuten würde, so implizieren die Motive des ‚inneren Menschen' und der Unsterblichkeit der Seele auch das Motiv der Präexistenz der Seele vor einer körperlichen Geburt. Dies führt zu der Frage, inwieweit Origenes damit implizit auch einen Bezug zur Seelenwanderungslehre Platons herstellt, obwohl er entsprechende Denkansätze in anderen thematischen Kontexten explizit kritisiert. Doch eine solche Passage dokumentiert wiederum die bereits angesprochenen methodischen Probleme, insofern sie nur in Gestalt einer lateinischen Übersetzung vorliegt. Wenn die Ansicht vertreten wird, dass sie auch in dieser Textgestalt repräsentativ für das Menschenbild des Origenes ist, so kann sie als Indiz gewertet werden, dass Origenes die Vorstellung einer Präexistenz der Seele propagiert hat.[146] Dieses Argument verliert jedoch an Kraft, wenn man sie als eine Übersetzung versteht, die bereits die Streitigkeiten um das geistige Erbe des Origenes widerspiegelt[147]. Ähnliche Vermittlungen biblischer und platonischer Motive, die implizit eine Nähe zu Seelenwanderungsvorstellungen erkennen lassen, begegnen auch in der Eschatologie des Origenes. Dies kann exemplarisch an einer Schrift erläutert werden, die theologiegeschichtlich betrachtet eine besondere Stellung einnimmt, nämlich ‚Peri Archon' (die freilich ebenfalls unter dem Titel *De Principiis* größtenteils nur als lateinische Übersetzung erhalten ist). In diesem „ersten Versuch einer systematisch angelegten Darstel-

---

146 Ausführlich hierzu z. B. H. Strutwolf, System, 238f. Zur Diskussion ferner H. Crouzel, L'anthropologie, 41; F.-H. Kettler, Ewigkeit, 285; P. Heimann, Präexistenz, passim.

147 Dies ist ein Beispiel dafür, warum jedes (re)konstruierte Origenes-Bild unvollständig bleiben wird, insofern wichtige Schriften und Kommentare zuweilen nur in Formen von Fragmenten oder Testimonien zugänglich sind, in diesem Fall seine weiteren Genesis-Kommentare zu Gen 1,26f.; 2,7 (grundlegend hierzu K. Metzler, Genesis, passim). Entsprechend kann erwogen werden, ob eine solche Passage zu jenen Texten zu zählen ist, in denen Origenes „Positionen (erwägt), ohne sie selbst zu vertreten." So C. Markschies, Art. Origenes, 659f.; speziell zum Motiv des ‚inneren Menschen' bei Origenes zudem ders., Art. Innerer Mensch, 289-293.

lung des christlichen Glaubens"[148] setzt Origenes biblisch überlieferte Motive einer eschatologischen Vollendung mit Sprach- und Denkfiguren in Beziehung, die einer platonischen Eschatologie entsprechen. Einerseits rezipiert Origenes in verschiedenen Formen die platonische Vorstellung einer Angleichung des Menschen an Gott, die seiner Konzeption zufolge durch gnadenvolle Einwirkungen von Christus und dem heiligen Geist ermöglicht wird. Andererseits bedient er sich der Motivik einer Schau der göttlichen Sphären, in welcher die Seele ihre himmlische Heimat wiedererkennt. Entsprechend hebt Origenes hervor, dass die von ihm als Apokatastasis bezeichnete eschatologische Vollendung erst dann erreicht sein wird, wenn alle Geschöpfe Gottes die Prozesse einer Reinigung und eines Wachstums durchlaufen haben. Signifikant zeigt sich dies an einer Zusammenführung der paulinischen Motive eines ‚geistigen Körpers' (1 Kor 15,44), der Befreiung von der ‚Knechtschaft der Vergänglichkeit' (Röm 8,19-23) und der ‚himmlischen Behausung' (2 Kor 5,1):

Orig., PA III 6,4: *Nunc vero quoniam apud apostolum Paulum mentionem ‚spiritalis corporis' invenimus, qualiter etiam inde sentiri debeat de hoc, tantummodo prout possumus requiramus. Quantum ergo sensus noster capere potest, qualitatem spiritalis corporis talem quandam esse sentimus, in quo inhabitare deceat non solum sanctas quasque perfectasque animas, verum etiam omnem illam creaturam, quae ‚liberabitur a servitute corruptionis.' De quo corpore etiam illud apostolus dixit quia „Domum habemus non manu factam, aeternam in caelis", id est in mansionibus beatorum. (...) Non autem dubitandum est naturam corporis huius nostri voluntate dei, qui talem fecit eam, usque ad illam qualitatem subtilissimi et purissimi ac splendidissimi corporis posse a creatore perduci, prout rerum status vocaverit et meritum rationabilis naturae poposcerit.*

---

148 Zu dieser Einschätzung H. Görgemann/H. Karpp, Origenes, 9, die entsprechend hervorheben, dass Origenes mit diesem Werk die Wohltaten Gottes an der vorfindlichen Schöpfung zur Geltung bringen möchte (op. cit., 12).

„Jetzt aber wollen wir, da wir beim Apostel Paulus einen ‚geistigen Körper' erwähnt finden (vgl. 1 Kor 15,44), nach unserem Vermögen untersuchen, was auch auf Grund dieser Stelle von dieser Frage zu halten ist. Soweit unser Verstand dies erfassen kann, schreiben wir dem geistigen Körper eine solche Beschaffenheit zu, daß in ihm die heiligen und vollkommenen Seelen in angemessener Weise wohnen können, und außerdem auch die ganze Kreatur, die ‚frei werden wird von dem Dienst der Vergänglichkeit' (Röm 8,21). Auf diesen Körper bezieht sich auch das Wort des Apostels (2 Kor 5,1): ‚Wir haben ein Haus, nicht mit Händen gemacht, das ewig ist, im Himmel', d.h. in den Wohnungen der Seligen. (...) Es besteht kein Zweifel, daß die Natur unseres jetzigen Körpers durch den Willen Gottes, der sie so gemacht hat, in jene Beschaffenheit eines allerfeinsten, reinsten und leuchtendsten Körpers vom Schöpfer überführt werden kann, je nachdem wie der Stand der Dinge es verlangt und das Verdienst des Vernunftwesens es fordert."[149]

Es wäre unsachgemäß, eine solche Vermittlung verschiedener Facetten paulinischer Anthropologie vor dem Hintergrund heutiger historisch-kritischer Diskurse zu beurteilen. Gleichwohl muss angemerkt werden, dass Origenes auch platonische Denkansätze an die Briefe des Paulus heranträgt, die wohl eher von den von Paulus kritisierten Adressaten in der Gemeinde in Korinth ver-

---

149 Zur Textedition, Übersetzung und den Verweisen auf paulinische Bezugstexte vgl. H. Görgemann/H. Karpp, Origenes, 652-655.

treten wurden[150]. Diese Züge der Eschatologie des Origenes sind von deutlichen Analogien zu jener Metaphorik einer Erkenntnis des ‚Göttlich-Schönen' geprägt, die Platon unter anderem in der Palinodie des Dialogs *Phaidros*, der Diotimarede im Dialog *Symposion*, dem Weltschöpfungsmythos im Dialog *Timaios* und in dem Abschluss des Jenseitsmythos im Dialog *Phaidon* verwendet. Insbesondere die in der Palinodie des Dialogs *Phaidros* vorliegenden mythologischen Schilderungen einer Rückkehr einer Seele in ihre himmlische Heimat und die damit einhergehende ‚Schau Gottes' werden von Origenes mit jenen biblischen Referenzpunkten in Beziehung gesetzt, die für die Ausbildungen von Allversöhnungshoffnungen von zentraler Bedeutung waren[151].

Die Nähe zur Eschatologie Platons zeigt sich eindrücklich daran, in welcher Weise Origenes einen zentralen biblischen Bezugspunkt seiner Allversöhnungshoffnung mit einem Leitgedanken in Beziehung setzt, welcher der Theologie Platons entspricht: Die

---

150 Repräsentativ für viele Einschätzungen resümiert M. Vogel, Tod, 99 in Bezug auf 1 Kor 15,45-47: „In v45-47 nimmt Paulus hellenistisch-jüdische Anthropos-Spekulationen auf, die ausgehend von den beiden Schöpfungsberichten der Genesis (Erschaffung des Menschen nach Gen 1,26 und 2,7) in platonischer Weise einen himmlischen Urmenschen und einen nach diesem Abbild geformten Erdenmenschen unterscheiden [...]." Entsprechend wird kontrovers diskutiert, inwieweit sich z.B. zwischen 1 Kor 15* und 2 Kor 4,16-5,10 eine Entwicklung in der Eschatologie des Paulus beobachten lässt, die durch jene zunächst kritisierten Vorstellungen geprägt wurde. Zur Skizze der im hohen Maße komplexen Diskussionen vgl. W. Schrage, Korinther IV, passim; M. Vogel, Commentatio mortis, 256-270; N. T. Wright, Resurrection, 312-360; J. Frey, Eschatology, passim; G. Sellin, Auferstehung, passim; P. J. Brown, Resurrection, passim etc.

151 Grundlegend hierzu M.-B. von Stritzky, Phaidrosinterpretation, 282-297. Origenes konnte die Palinodie des Dialogs Phaidros in verschiedensten thematischen Kontexten rezipieren, die ihrerseits implizite Bezüge zu den Motiven der Präexistenz der Seele und der Seelenwanderung aufweisen. So formulieren z.B. A. Fürst/C. Hengstermann, Homilien, 110 treffend in Bezug auf die Interpretation der Immanuel-Verheißung Jes 7,14f., die Origenes u.a. im Rahmen seiner Jesaja-Homilien auslegte: „Wie das Thema des Seelenfalls verdankt auch die Metapher der geistigen Speise dem platonischen Phaidros ebenso viel wie die Schriftstelle, die Origenes auf ihrer Grundlage interpretiert: Die Schau [...] ist vor wie nach dem Fall die Speise der Vernunftwesen, die sie nährt und erhält, und sie ist die Quelle, aus der schöpfend sie ihre ursprüngliche, göttliche Natur zurückgewinnen kann."

von Paulus formulierte Hoffnung, dass ‚Gott alles in allem sein wird' (1 Kor 15,28b: ... ἵνα ᾖ ὁ θεὸς [τὰ] πάντα ἐν πᾶσιν[152]), vollzieht sich Origenes zufolge dann, wenn Gott für den Menschen ‚das Maß aller Dinge' (vgl. Plato, Nomoi IV 716 c) geworden sein wird:

Orig., PA III 6,3: Et ego quidem arbitror quia hoc, quod 'in omnibus omnia esse' dicitur deus, significet etiam in singulis eum 'omnia esse'. Per singulos autem 'omnia' erit hoc modo, ut quidquid rationabilis mens, expurgata omni vitiorum faece atque omni penitus abstersa nube malitiae, vel sentire vel intellegere vel cogitare potest, omnia deus sit, nec ultra iam aliquid aliud nisi deum sentiat, deum cogitet, deum videat, deum teneat, omnis motus sui deus modus et mensura sit; ...

„Ich glaube nun, daß der Satz, Gott sei ‚alles in allem', bedeutet, daß Gott auch in jedem einzelnen ‚alles' ist. In dem einzelnen aber wird er auf folgende Weise ‚alles' sein: Wenn der vernünftige Geist gereinigt ist von aller Hefe der Sünde, wenn alle Trübung der Bosheit gänzlich beseitigt ist, dann wird alles, was er empfinden, erkennen und denken kann, Gott sein; er wird nichts anderes mehr denn Gott empfinden, Gott denken, Gott sehen, Gott haben; Gott wird das Maß all seiner Bewegung sein; ... "[153]

Die Nähe zu platonischen Vorstellungen kann sogar so weit reichen, dass Origenes die eschatologische Vollendung und die Gleichwerdung mit Gott mit dem Motiv der Aufhebung der körperlichen Verfasstheit menschlicher Existenz in Beziehung setzt:

---

152 Auch wenn textkritisch betrachtet strittig ist, ob in 1 Kor 15,28 τὰ πάντα oder πάντα zu lesen ist, scheinen Origenes bzw. Rufin sich an einer Textgestalt zu orientieren, die den bestimmten Artikel nicht bietet.

153 Zur Textedition und Übersetzung vgl. H. Görgemann/H. Karpp, Origenes, 648-651.

Orig., PA III 6,3: *Verum istam perfectionem ac beatitudinem ratio-*
nabilium naturarum ita demum quidam permanere in eo statu quo
supra diximus putant, id est ut deum ‚omnia' habeant, et deus eis
sit ‚omnia', si nullatenus eas societas naturae corporalis amoveat.

„Doch diese Vollkommenheit und Seligkeit der Vernunftwesen,
so glauben einige, kann nur dann in der geschilderten Weise Bestand haben, nämlich so, daß alles Gott habe und Gott für sie
alles sei, wenn in keiner Weise eine Gemeinschaft mit der Körper-
substanz sie (von diesem Zustand) wegzieht."[154]

Dieses Motiv ähnelt deutlich jenen Worten, mit denen Platon im
Dialog *Phaidon* das Ziel des Wachstums beschreibt, welches Seelen im Verlaufe vieler Inkarnationen durchlaufen. Kurz vor seiner Hinrichtung soll Sokrates der platonischen Erzählung zufolge
jene eschatologische Vollendung mit folgenden Worten umschrieben haben:

Plato Phaid. 114 c 2-6: „Welche nun unter diesen durch Weis-
heitsliebe sich schon gehörig gereinigt haben, diese leben für alle
künftigen Zeiten gänzlich ohne Leiber *und kommen in noch schö-*
nere Wohnungen als diese (καὶ εἰς οἰκήσεις ἔτι τούτων καλλίους
ἀφικνοῦνται), welche weder leicht wären zu beschreiben, noch
würde die Zeit für diesmal ausreichen."[155]

Einer solchen eschatologischen Hoffnung entspricht es ferner,
dass in *De Principiis* auch eine vielfach belegte Deutung des Be-

---

154 Zur Textedition und Übersetzung vgl. H. Görgemann/H. Karpp, Origenes, 650-
651, die hierin „zweifellos eine These des Or. selbst" erkennen.
155 Zum Übersetzungsvorschlag vgl. F. D. E. Schleiermacher (D. Kurz), Platon, Bd.
3, 193 bzw. 195. Zur Interpretation der offen bleibenden Aussage „welche weder
leicht wären zu beschreiben, noch würde die Zeit für diesmal ausreichen" vgl. E.
E. Popkes, Erfahrungen I, 132f.

griffs ‚Seele' angeführt wird[156]. Letztere umschreibt mit einer Anspielung auf das Wortfeld ψῦχος/ψύχομαι (‚Kälte'/‚erkalten') indirekt jene Existenz, nach welcher sich die Seele zurücksehnt:

Orig., PA III 6,3: „Wenn also das Heilige als feurig, hell und heiß bezeichnet wird, das Gegenteil aber als kalt, und wenn es heißt, daß bei den Sündern ‚die Liebe erkalte' (vgl. Matth. 24,12), so ist zu fragen, ob vielleicht auch die Bezeichnung ‚Seele' davon hergenommen ist, daß sie von einem göttlichen Zustand ‚erkaltet ist' (psychestai); *das heißt davon, daß sie von ihrer natürlichen und göttlichen Wärme erkaltet ist und so zu ihrem jetzigen Zustand und ihrer jetzigen Bezeichnung gekommen ist.*" (*id est quod ex calore illo naturali et divino refrixisse videatur, et ideo in hoc quo nunc est statu et vocabulo sita sit*)[157].

Derartige Aussagen entsprechen augenscheinlich jenen Vorstellungen, die im Rahmen der Synode (543 n. Chr.) und des zweiten Konzils von Konstantinopel (553 n. Chr.) kirchenrechtlich bindend verworfen wurden (‚Anathematisierungen')[158]. Aus diesem Grund kann diesbezüglich noch deutlicher als bei den zuvor erwähnten Passagen diskutiert werden, ob die Übersetzung Rufins bereits eine Deutung der Vorgaben des Origenes widerspiegelt. Für die vorliegende Fragestellung ist jedoch von Relevanz, dass in derartigen Zusammenhängen verschiedentlich Zwischenstufen eines Entwicklungsprozesses umschrieben werden, die Origenes auch in vielen weiteren Kontexten erwähnt. Letztere beziehen sich auf alle Geschöpfe Gottes (auch auf die Dämonen und den

---

156 Zu derartigen bereits in antik-mediterranen Traditionen erörterten Vorstellungen wie u.a. Plato Crat. 399 e; Aristot., De Anima I, 2, 405 b 29 vgl. C. Shields, Seele, 313-315; A. Dihle, Art. ψυχή, 605ff.

157 Zur Textedition, Übersetzung und dem Verweis auf den Bezugstext Mt 24,12 und entsprechenden altkirchlichen Diskussionen um das Seelen-Verständnis des Origenes vgl. H. Görgemann/H. Karpp, Origenes, 391-393.

158 Diesbezüglich sei zurückverwiesen auf die Ausführungen in Kapitel 2.6 bzw. Anm. 102.

Teufel), welche noch nicht die eschatologische Vollendung der Apokatastasis erreicht haben, in der ‚Gott alles in allem' sein wird (so in Anlehnung an 1 Kor 15,28). Entsprechend kann gefragt werden, was im Sinne der Eschatologie des Origenes in Bezug auf jene Geschöpfe zu denken ist, welche diese Entwicklungen im Verlaufe ihrer irdischen Existenz nicht vollendet haben[159]. Dies führt konsequent zu dem bereits erwähnten Themenfeld, das ebenfalls seit langer Zeit die Forschung beschäftigt – nämlich zu den von Origenes in verschiedenen Kontexten erwähnten ‚Welten-Zyklen'. Eine zentrale Problematik besteht in der Frage, ob „Origenes mit endlosen Zyklen von Fall und Apokatastasis rechnete oder ob er eine begrenzte Anzahl von Welten im Rahmen nur eines einzigen Zyklus meinte."[160] Auch diesbezüglich können sich wiederum die Vertreter konträrer Ansichten jeweils auf Traditionen und Texte berufen, die Origenes zugeschrieben werden.

Die skizzierten Aspekte zeigen, warum Origenes nicht als der Stammvater einer platonisch-christlichen Seelenwanderungslehre zu verstehen ist. Eine Integration der Seelenwanderungslehre Platons hätte an jener Systemstelle erfolgen können, an der die eher stoisch anmutenden Erwähnungen von ‚Welten-Zyklen' erfolgen[161]. Ebenso unangemessen sind die verschiedentlich postulierten Thesen, dass dies ursprünglich seine Aussageintention gewesen sei, die aber später verdrängt oder verschleiert wurde. Gleichwohl lassen sich bei Origenes Vorformen eines Denkansatzes erkennen, der im Sinne einer Vermittlung der Seelenwanderungs-

---

159 Grundlegend hierzu J. C. Janowski, Allerlösung I, 102ff. Jene Vorstellungen, die in jüngeren kirchlichen Lehrbildungen mit Begriffen wie ‚Purgatorium' bzw. ‚Fegefeuer' bezeichnet werden, begegnen in den überlieferten Schriften von Origenes lediglich in Ansätzen, die keine systematische Ausdifferenzierung erfahren (ausführlich hierzu J. Rahner, Eschatologie, 252-280; H. Vorgrimler, Purgatorium, 1828-1831).

160 So A. Fürst, Origenes, 174.

161 Zu weiteren stoischen Hintergründen dieser Züge der Eschatologie des Origenes und zu mittelplatonischen Rezeptionen stoischer Vorstellungen vgl. u.a. M. Pohlenz, Stoa, 424-427; H. Chadwick, Origen, 34-39; A. Fürst, Art. Origenes, 510-514 etc.

lehre Platons und christlicher Hoffnungen auf eine Allversöhnung ausgestaltet werden kann. Dieser Denkansatz besteht darin, dass jene Zwischenstufen einer eschatologischen Vollendung, welche von Origenes zumeist mit Motiven von Weltenzyklen umschrieben werden, im Sinne einer an Platon orientierten Seelenwanderungslehre ausgestaltet werden. Vorausgreifend kann gesagt werden, dass sich ein solcher Denkansatz mit den Worten ‚Seelenwanderung zur Allversöhnung' umschreiben lässt. Eine genauere Entfaltung erfährt dieser Ansatz im vierten Band der Reihe ‚Platonisches Christentum', in welchem jene Diskurse wiederbelebt werden, die sich zwischen dem Thomasevangelium und dem Johannesevangelium beobachten lassen.

Im Rahmen der vorliegenden historischen und methodischen Grundlegungen muss jedoch zunächst dargelegt werden, warum es ratsam ist, zwischen einem ‚platonischen Christentum im weiteren Sinne' und einem ‚platonischen Christentum im engeren Sinne' zu unterscheiden. Diese Differenzierung soll im folgenden Arbeitsschritt erläutert werden.

2.10 Platonisches Christentum im weiteren und engeren Sinne

Die zuvor skizzierten Beispiele veranschaulichen, in welcher Weise die Seelenwanderungslehre Platons im frühen Christentum kritisiert und abgelehnt wurde[162]. Es gibt jedoch auch positive Rezeptionen und innovative Aneignungen dieses Denkansatzes[163]. Dies gilt keineswegs nur für die erwähnten gnostischen Schultraditionen oder Zeugnisse. Es gibt auch frühchristliche Traditionen,

---

162 Diesbezüglich spricht H. Dörrie, Grenzziehungen, 523 sogar von einem „christlichen Gegenplatonismus".

163 Indirekte Hinweise hierfür finden sich z.B. in Texten, deren Autoren ihre Adressatinnen oder Adressaten davor warnen, sich entsprechende Vorstellungen anzueignen. Zu derartigen persönlichen Apellen bei Gregor von Nyssa, Hieronymus etc. vgl. H. Obst, Reinkarnation, 90-94.

in denen platonische Denkansätze im Generellen und platonische Seelenwanderungsvorstellungen im Speziellen zu tragenden Elementen des Systems wurden. Angesichts dessen empfiehlt es sich, zwischen einem ‚platonischen Christentum im weiteren Sinne' und einem ‚platonischen Christentum im engeren Sinne' zu unterscheiden. Von einem ‚platonischen Christentum im weiteren Sinne' kann gesprochen werden, wenn ein System einzelne Motive oder größere Motivkomplexe platonischen Denkens rezipiert, soweit dieselben mit biblischen Welt- und Menschenbildern vermittelbar sind[164]. Von einem ‚platonischen Christentum im engeren Sinne' kann jedoch nur dort gesprochen werden, wo auch jene platonischen Denkansätze zu tragenden Fundamenten des Systems werden, die mit biblischen Vorstellungen – auf den ersten Blick – nicht leicht vermittelbar erscheinen[165]. Derartige Differenzen treten an der Seelenwanderungslehre Platons eindrücklich zutage.

---

164 Dies gilt strenggenommen für nahezu alle in Kapitel 2.3 bzw. 2.4 genannten Beispiele positiver Bezugnahmen auf platonische Schriften oder Denkansätze, wie sie z.B. bei Clemens Alexandrinus, Origenes, Eusebius von Cäsarea, Basilios, Gregor von Nyssa, Gregor von Nazianz, Pseudo-Dionysius Areopagita, Marsilio Ficino etc. vorliegen. Entsprechend formuliert mit einer leicht modifizierten Terminologie C. Tornau, Kirchenväter, 423: „Man kann das Ergebnis dieser Platon-Rezeption mit einem eingebürgerten Ausdruck als ‚christlichen Platonismus' bezeichnen, sofern man sich die Differenzen zum nicht-christlichen Platonismus bewusst hält, deren wichtigste die ist, dass der Gegenstand der exegetischen Bemühung nicht Platon, sondern die Bibel ist."

165 An diesem Aspekt lässt sich auch andeuten, in welchem Verhältnis ein ‚platonisches Christentum im engeren Sinne' zu jenem ‚christlichen Kulturplatonismus' steht, der sich im Umfeld von v.a. Marsilio Ficino und seinen Schülern entwickelte (vgl. die entsprechenden Ausführungen in Anm. 65 bzw. 66). Ein ‚platonisches Christentum im engeren Sinne' führt einen Weg fort, der mit J. Lauster, Verzauberung, 260 folgendermaßen umschrieben werden kann: „Das Christentum der Renaissance ist heute tot, und doch inspirierte es auf verschlungenen Pfaden den Aufbruch der Aufklärung und der Romantik zu einer neuen Gestalt des Christentums."

Leit-These 1.7: ‚Platonisches Christentum im engeren Sinne'
entfaltet eine neue Interpretation der Seelenwanderungslehre
Platons, die Seelenwanderung als Seelenwachstum versteht.

Wie ein ‚platonisches Christentum im engeren Sinne' aussehen
kann, wird im Rahmen der Reihe ‚Platonisches Christentum' am
Beispiel einer Schrift erläutert, welche eventuell das älteste Zeugnis einer solchen Form christlicher Religiosität ist, nämlich am
Beispiel des Thomasevangeliums[166]. Letzteres stilisiert niemand
anderen als Jesus selbst zum Begründer eines platonischen Christentums, für welches das Motiv einer Seelenwanderung von zentraler Bedeutung ist[167]. Ebenso gibt es eine Vielzahl jüngerer Werke
und Traditionen, die zu den sogenannten ‚Apokryphen' gehören.
Dieser ‚verborgene Kontinent'[168] des frühen Christentums dokumentiert verschiedene Formen platonisch-christlicher Vorstellungen, die u.a. auch Seelenwanderungsvorstellungen vorausset-
zen[169]. Dass derartige Zeugnisse für eine Kenntnis der Geschichte
des frühen Christentums von hoher Relevanz sind, ist im Kontext

---

166 Stellvertretend für viele entsprechende Einschätzungen formuliert S. J. Pat-
terson, Jesus, 205: „What is clear, however, is that the GThom works with one of
the dominant religious and philosophical schools of its days, Middle Platonism. In
this sense, it stands near the beginning of what would become a long tradition of
Platonic Christian theology, and is probably our earliest exemplar of such effort."
Als eine tendenziell ähnliche Einschätzung aus dem deutschsprachigen Bereich
sei exemplarisch verwiesen auf G. Theißen, Religion, 383f., der zugleich beklagt,
was dadurch verloren gegangen ist, dass das Thomasevangelium nicht in den biblischen Kanon aufgenommen wurde: „Denn mit seiner Nicht-Aufnahme ging eine
wertvolle Variante urchristlichen Glaubens verloren: eine individuelle urchristliche
Mystik. (...) Es verkörpert in einer reinen Form die Botschaft vom unendlichen
Wert der menschlichen Einzelseele. (...) Es spricht zu Einzelnen und Einsamen.
Und es bietet ihnen eine Mystik der Vereinigung mit Gott an: eine Rückkehr dorthin, woher alles stammt."

167 Ausführlich hierzu E. E. Popkes, Jesus, passim.

168 Zu dieser Terminologie vgl. Kapitel 3.3: Apokryphe Traditionen als der ‚verborgene Kontinent' des frühen Christentums.

169 Aus diesem Grund ist auch eine Einschätzung unpräzise, der zufolge die „Ablehnung von Reinkarnation und Metempsychose ... in der Alten Kirche einhellig"
erfolgte (so u.a. G. Wenz, Schöpfung, 116).

religionshistorischer Forschungen kaum noch strittig. Strittig ist jedoch, inwiefern diese religionshistorischen Entwicklungen auch eine Bedeutung für Theologie und Kirche haben[170]. Diese Frage ist – um es vorsichtig zu formulieren – nicht unerheblich. Zu Recht wurde verschiedentlich die These formuliert, dass mit „der Aufnahme der Reinkarnationsvorstellung ... das Christentum eine andere Religion geworden"[171] wäre. Angesichts dessen kann nun die Methodik erläutert werden, auf deren Grundlage jene frühchristlichen Diskurse revitalisiert werden sollen.

---

170 Repräsentativ für viele Diskursteilnehmerinnen und Diskursteilnehmer formulieren z.B. J. Frey/A. Käfer, Chancen, 520: „Natürlich sind die Grenzen des Kanons für die philologisch-historische Erkenntnis und das Verständnis der frühchristlichen Geschichte ohne Bedeutung, und außerkanonische, frühjüdische, hellenistische und frühchristliche Texte sind hier in großer Breite zu berücksichtigen. Dennoch bleibt dort, wo neutestamentliche Wissenschaft der Kirche gegenübertritt, insofern sie im Rahmen evangelischer Theologie betrieben wird, der Bezug auf die kanonischen Texte von primärer Bedeutung."

171 So z.B. H. Zander, Seelenwanderung, 152 in Anlehnung an die bereits an der Wende vom 19. zum 20. Jahrhundert von dem Theosophen James Morgan Pryse formulierte These, dass die Seelenwanderungsvorstellung „nicht nur eine Wahrheit (scil.: ist), die der Gesamtsumme der anderen hinzukommt, sondern ein neuer Faktor, der die ganze Gleichung ändert." So J. M. Pryse, Reinkarnation, 22, der freilich die religions- und textgeschichtlich abwegige Ansicht vertrat, dass Seelenwanderungsvorstellungen ursprünglich Bestandteil biblischer Traditionen waren und erst sekundär eliminiert wurden.

3. Historische Kritik und Diskursanalyse

Alle Teilbände der Reihe ‚Platonisches Christentum' basieren auf einer Vermittlung historisch-kritischer und diskursanalytischer Methoden. Um diesen Ansatz zu profilieren, werden zunächst die wissenschaftsgeschichtliche und die erkenntnistheoretische Stellung historisch-kritischer Exegese im Kontext wissenschaftlicher Theologie reflektiert, die bereits für sich genommen immer wieder Streitigkeiten veranlassen konnte und veranlassen wird (3.1). Vor diesem Hintergrund kann ich erläutern, warum meines Erachtens eine Aufgabe historisch-kritischer Exegese darin besteht, verborgene Diskursuniversen in kanonischen und außerkanonischen Zeugnissen des frühen Christentums wieder freizulegen und wiederzubeleben (3.2). Nachdem die sogenannten ‚apokryphen Schriften' als der ‚verborgene Kontinent' des frühen Christentums beschrieben wurden (3.3), kann zur Geltung gebracht werden, warum eine zentrale Aufgabe historisch-kritischer Exegese darin besteht, ‚Perspektivenbefähigung' und ‚Pluralismuskompetenz' zu fördern (3.4). Abschließend werden die Potenziale einer Vermittlung historisch-kritischer und diskursanalytischer Perspektiven auf religiöse Systeme erklärt (3.5).

3.1 Historisch-kritische Exegese und die ‚institutionalisierte Dauerkrise des Schriftprinzips'

Die sogenannte ‚historisch-kritische Exegese' hat sich als die methodische Zugangsperspektive etabliert, die im Kontext wissenschaftlicher Theologie für religionsgeschichtliche Interpretationen der biblischen Schriften mehrheitlich angewendet wird[172]. Gleichwohl ist es unpräzise, von *der* historisch-kritischen Methode' zu sprechen. Es handelt sich vielmehr um eine methodologische Grundorientierung. Das Spektrum methodischer Arbeitsschritte, die diesem Leitbegriff untergeordnet werden, bildete sich schrittweise aus und ist prinzipiell für Erweiterungen und Revisionen offen[173]. Ein verbindendes Prinzip historisch-kritischer Methoden besteht jedoch darin, dass alttestamentlich-frühjüdische und frühchristliche Zeugnisse mit den gleichen Zugangsperspektiven zu betrachten sind, mit denen auch andere Zeugnisse der altorientalischen und antik-mediterranen Kulturgeschichte wahrgenommen werden. Eine dogmatisch-theologisch begründete Differenzierung zwischen der Bedeutung und Gewichtung kanonischer und außerkanonischer Zeugnisse kann und darf dabei keine Rolle spielen. Mit anderen Worten: Auf der Ebene religionsgeschichtlicher Beschreibungen, die an einer historisch-kritischen Methodik

---

172 Einen zentralen Aspekt dieser Entwicklungen bringt A. Beutel, Formierung, 163 treffend auf den Punkt: „Indem sich die Bibelwissenschaften aus der Vormundschaft kirchlich-dogmatischer Richtlinienkompetenz lösten und den Durchbruch zur modernen, historisch-kritischen Exegese vollzogen, avancierten sie zum Schrittmacher einer aufgeklärten, neuzeitfähigen Theologie." Zu den facettenreichen historischen Hintergründen und den damit einhergehenden, zuweilen völlig konträren theologischen Einschätzungen vgl. u.a. C. Bultmann, Bibelrezeption, passim; J. Lauster, Prinzip, passim; U. Wilckens, Theologie III, passim und die instruktiven Beiträge der Sammelbände F. Nüssel (Hg.), Schriftauslegung, passim; I. Fischer (Hg.), Schrift, passim; K. Lehmann/R. Rathenbusch (Hg.), Menschenwort, passim.

173 Dabei muss kritisch angemerkt werden, dass in vielen methodischen Leitfäden lediglich in Ansätzen die Entwicklungsgeschichten einzelner Methodenschritte erläutert werden, ohne dass die erkenntnistheoretischen und wissenschaftshistorischen Hintergründe derartiger Zugangsperspektiven prinzipiell zur Diskussion gestellt werden. Dies führt dazu, dass man „oft den Eindruck gewinnt, daß es sich bei der historisch-kritischen Methode zwar um eine moderne Errungenschaft handle, die aber eigentümlich geschichtslos aufgefaßt wird" (so treffend F. Hahn, Kritik, 40 in Anlehnung an K. Lehmann, Horizont, passim). Eine solche fehlende Sensibilität für das historische Wachstum dieser Methodologie dokumentiert sich auch in dem Phänomen, dass die Vertreterinnen und Vertreter vieler neuer Methoden zuweilen zu „einer Verabsolutierung der eigenen Perspektive neigen" (so die berechtigte Kritik von J. Frey, Zwischenbilanz, 10).

orientiert sind, gibt es keinen Unterschied zwischen ‚profanen Zeugnissen' und ‚heiligen Schriften'. Es wird lediglich beschrieben, welche Schriften bzw. Traditionen in welcher Weise für sich in Anspruch nehmen, auf besonderen ‚Inspirationen' oder ‚Offenbarungen' zu basieren und sich so in ihrer Dignität von anderen Zeugnissen zu unterscheiden.

> *Leit-These 1.8:* Historisch-kritische und diskursanalytische Perspektiven auf die Geschichte des frühen Christentums unterscheiden nicht zwischen ‚heiligen' und ‚nicht-heiligen' Schriften, sondern beschreiben die Strategien, mit denen die ‚Heiligkeit' einer Schrift konstruiert wird.

Es ist leicht zu erahnen, welche Konfliktpotenziale einer solchen Methodologie bereits im Zusammenhang wissenschaftlicher Theologie innewohnt. Noch stärker treten diese Konfliktpotenziale zutage, wenn zwischen wissenschaftlicher Theologie und kirchlichen Institutionen vermittelt werden soll. Wissenschaftsgeschichtlich betrachtet liegen die Wurzeln dieser Konflikte im sogenannten ‚Zeitalter der Aufklärung'[174]. Ein zentrales Anliegen früher Vertreter einer historischen Kritik biblischer Traditionen

---

174 Historisch-kritische Methodologien werden inzwischen in verschiedenen geistes- und kulturwissenschaftlichen Arbeitsfeldern angewendet (vgl. S. Müller, Kulturwissenschaften, passim). Auch wenn im Bereich wissenschaftlicher Theologie erste Ansätze bereits durch eine zentrale Prämisse der Reformation vorbereitet wurden (so konstatiert z.B. C. Albrecht, Schriftauslegung, 230, dass die „historisch-kritische Auslegungsmethode [...] ihren Ursprung im Schriftverständnis der Reformatoren [hat], die sich die Frage nach der christlichen Wahrheit nicht durch die Vorgaben der kirchlichen Tradition und der Autorität des Lehramts beantworten lassen mochten, sondern nur das Zeugnis der Heiligen Schrift gelten lassen wollten."), so waren in der weiteren Entwicklungsgeschichte Abgrenzungen von bestehenden dogmatischen Systembildungen und kirchlichen Hierarchien wesentliche Impulsgeber der Ausbildung einer historisch-kritischen Exegese biblischer Traditionen. Exemplarisch sei diesbezüglich auf die themenspezifisch relevanten Beiträge von Hermann Samuel Reimarus und Johann Salomo Semler verwiesen. Grundlegend hierzu J. Lauster, Prinzip, 24f.; M. Schröter, Historisierung, passim; D. Klein, Reimarus, passim; G. Hornig, Semler, passim.

bestand darin, wissenschaftliche Auseinandersetzungen mit religiösen Zeugnissen und Systemen zu ermöglichen, die nicht durch kirchliche Instanzen oder dogmatische Vorbehalte reglementiert werden. Eine der zentralen Fragen, die seit den Anfängen einer historisch-kritischen Exegese im Kontext wissenschaftlicher Theologie kontrovers diskutiert wird, besteht darin, in welcher Weise die Ebenen einer um Neutralität bemühten religionshistorischen Beschreibung und einer systematisch-theologischen Rezeption exegetischer Arbeitsergebnisse miteinander vermittelt werden können – und zwar insbesondere dann, wenn die Befunde religionsgeschichtlicher Betrachtungen und dogmatische Traditionsbestände und Denkfiguren nicht bzw. nicht mehr miteinander vermittelbar sind. Im Fokus der Diskussionen standen dabei immer wieder Themen, die für etablierte dogmatische Systeme von zentraler Bedeutung waren (dies gilt im besonderen Maße für die Traditionen zur körperlichen Auferstehung Jesu, zu sühnetheologischen Deutungen des Todes Jesu und den damit einhergehenden Verständnissen von Sünde bzw. Erbsünde sowie für die sukzessive Vergöttlichung Jesu)[175].

Es verwundert kaum, dass die skizzierten Konstellationen in der Entwicklungsgeschichte wissenschaftlicher Theologie immer wieder zu Spannungen führten, an denen sich massive wissenschafts-

---

175 Zur Skizze entsprechender Themenfelder vgl. U. Wilckens, Theologie III, 68ff.; C. Bultmann, Bibelrezeption, passim; G. Hornig, Semler, 229ff. bzw. 288ff. etc.

und erkenntnistheoretische Streitigkeiten entzünden konnten[176]. Verschiedentlich wurde der Vorwurf formuliert, dass eine historisch-kritische Exegese auf einem prinzipiellen Misstrauen gegenüber biblischen Überlieferungen basieren würde[177]. Signifikant zeigt sich dies in der Entwicklungsgeschichte protestantischer Theologie, insbesondere in Auseinandersetzungen um das sogenannte ‚Schriftprinzip'. In einer grundlegenden Aufarbeitung der Transformationen, welche unterschiedliche Verständnisse eines protestantischen Schriftprinzips durch die Entwicklungsgeschichte der Teilgebiete historisch-kritischer Exegese erfahren haben, kommt Jörg Lauster zu dem Ergebnis, dass es zu kurz greifen würde, lediglich von einer „Krise des Schriftprinzips"[178] zu sprechen. Die gegenwärtige Struktur evangelisch-theologischer Fakultäten führe vielmehr dazu, dass von einer „institutionalisierten Dauerkrise des Schriftprinzips"[179] gesprochen werden muss. Diese aus einer systematisch-theologischen Perspektive heraus formulierte Diagnose kann sogar noch weiter zugespitzt werden. Auf der Ebene der Methodik, die den Bänden der Reihe ‚Platonisches Christentum' zugrunde liegt, kann von einem Schriftprinzip in

---

176 Immer wieder werden von Kritikern und erklärten Gegnern einer historisch-kritischen Exegese biblischer Schriften Variationen der These formuliert, dass diese Methodik entscheidenden Anteil an neuzeitlichen Erosionen biblischer Welt- und Menschenbilder hat. Zur Skizze der Diskussionen vgl. u.a. G. Bauer, Bewegung, 65-81; G. Maier, Ende, passim; H. W. Neudorfer/E. J. Schnabel, Interpretation, 11-33; A. D. Baum, Authentizität, 291-311 bzw. U. Wilckens, Theologie III, 383, der diesbezüglich sogar von einem „Entweder-Oder in der gegenwärtigen Theologie" spricht. Entsprechend bezeichnet U. Parzany, Kirche, 50 als ein Wortführer evangelikaler Bewegungen in deutschsprachigen Regionen eine historisch-kritische Exegese biblischer Traditionen sogar als den „Krebsschaden der Kirche". Zu einer Skizze und Auseinandersetzung mit entsprechenden Einschätzungen, die auch im Bereich nicht-wissenschaftlicher Medien vermittelt werden können, vgl. W. Eisele, Metzgerzunft, 233-255.

177 Zur Skizze von Diskussionen um Begriffe wie ‚Hermeneutik des Verdachts', ‚Hermeneutik des Vertrauens', ‚Dekanonisierung' vgl. U. Luz, Hermeneutik, 301ff.; O. Wischmeyer, Dekonstruktion, 59ff.

178 So in Anlehnung an die oftmals diskutierte Problemanzeige von F. Wagner, Krise, 236-258.

179 Vgl. J. Lauster, Prinzip, 2.

keiner Weise gesprochen werden. Im Sinne einer Vermittlung historisch-kritischer und diskursanalytischer Perspektiven auf die Geschichte des frühen Christentums ist nämlich nicht nur zu fragen, in welcher Weise heute jene Diskurspositionen zu plausibilisieren sind, die sich seinerzeit durchgesetzt haben bzw. die durchgesetzt wurden. Es ist ebenso zu fragen, welche Potenziale jenen platonisch-christlichen Vorstellungen innewohnen, die im Zuge der Formierung des biblischen Kanons und im Zuge der Bekenntnis- und Dogmenbildungen verdrängt und zuweilen sogar verurteilt wurden. Wie dieselben theologisch zu bewerten sind, ist keine Aufgabe historisch-kritischer und diskursanalytischer Betrachtungen. Letztere bereiten lediglich jene ,subjektiven Plausibilitätsurteile' vor, zu welchen alle Diskursteilnehmer(innen) befähigt und ermutigt werden sollen. Diese Formen einer Betrachtung religionshistorischer Entwicklungen haben meines Erachtens auch Potenziale für Theologie und Kirche (ausführlich hierzu vgl. 4.3). Sie führen nämlich auf theologischer Ebene jene Diskurse fort, die durch historisch-kritische und diskursanalytische Perspektiven auf die Geschichte des frühen Christentums freigelegt und revitalisiert wurden.

3.2 Freilegung und Revitalisierung verborgener Diskurse

Eine zentrale Einsicht historisch-kritischer Exegese besteht darin, dass die im Rahmen des biblischen Kanons überlieferten Schriften über viele Jahrhunderte hinweg entstanden sind, unterschiedlichen kulturellen Umgebungen entstammen und von Menschen verschiedenster Herkunft geschrieben, bearbeitet und überliefert wurden[180]. Die in ihnen schriftlich manifestierten religiösen Vorstellungen und Systeme können als kultur- und zeitbedingte Konstruktionen betrachtet werden, in deren Weiterentwicklungen,

---

180 Die nachfolgenden Ausführungen orientieren sich an meinen Vorarbeiten in E. E. Popkes, Streitgespräche, 99ff.

Modifikationen und Revisionen sich ihrerseits die zeitbedingten Wandlungen kultureller Rahmenbedingungen widerspiegeln. Was dies konkret bedeutet, tritt an der Entwicklungsgeschichte des frühen Christentums und des neutestamentlichen Kanons eindrücklich zutage. Das frühe Christentum war ein Konglomerat verschiedener theologischer Strömungen und Schulbildungen. Der Kanon des sogenannten ‚Neuen Testaments' war während dieser Identitätsbildungsprozesse erst im Entstehen begriffen[181]. An dem Verhältnis der kanonischen und außerkanonischen Schriften des frühen Christentums lässt sich erkennen, inwiefern neutestamentliche Texte oft ‚verborgene Diskurse' widerspiegeln[182]. Die Aufgabe einer historisch-kritisch ausgerichteten Exegese besteht meines Erachtens u.a. darin, die in und hinter den biblischen Texten erkennbaren theologischen Diskussionen und Identitätsfindungsprozesse wieder freizulegen und lebendig werden zu lassen. Die verborgenen Diskurse können oft nur angemessen verstanden werden, wenn jene frühchristlichen Texte in die Diskussion einbezogen werden, die nicht in den neutestamentlichen Kanon aufgenommen worden sind.

3.3 Apokryphe Traditionen als der ‚verborgene Kontinent' des frühen Christentums

In der Geschichte des frühen Christentums entstand eine Viel-

---

181 Zu divergenten Skizzen wichtiger Entwicklungsstadien, in denen sich zuweilen ein eigentümliches Changieren zwischen historischen Beschreibungen und theologischen Bewertungen beobachten lassen, vgl. u.a. E.-M. Becker, Kanonisierung, 389-399; K.-W. Niebuhr, Schriftauslegung, 78-89; G. Theissen, Kanonizität, 423-448; B. Aland, Kanonisierung, 519-548; L. M. McDonald/J. A. Sanders (Hg.), The Canon Debate, passim; W. Pannenberg/T. Schneider, Zeugnis, passim; U. Schnelle, Jahre, 207ff. etc.

182 Eindrückliche Beispiele finden sich u.a. in den Paulusbriefen, in denen Paulus u.a. die Ansichten von Vertretern eines sogenannten ‚Judenchristentums' (Gal 2,4f.; 4,17-20; 6,11-13), konträre Auferstehungsvorstellungen (1 Kor 15*, insbesondere 1 Kor 15,12) oder gegen ihn selbst ins Feld geführte Vorwürfe (Röm 3,8; 2 Kor 10,10f.) referiert.

zahl von Zeugnissen, welche die pluriformen Identitätsbildungsprozesse der unterschiedlichen Systeme dieser neuen Bewegungen in der antik-mediterranen Kultur widerspiegeln. Neben den
schriftlichen Zeugnissen des erst in einem langwierigen Prozess
entstandenen neutestamentlichen Kanons, den Schriften prägender Gestalten der altkirchlichen Theologie- und Dogmengeschichte, ikonographischen und epigraphischen Zeugnissen etc. gibt
es eine weitere Gruppe von Schriften, die in wissenschaftlicher
Beschreibungssprache zuweilen als ‚die Apokryphen' bezeichnet
werden (gemäß dem Wortfeld ἀπόκρυφος verweist dieser Begriff
auf ‚verborgene Schriften'). Eine solche Terminologie ist jedoch
keineswegs selbstverständlich. Einerseits darf nicht der Eindruck
entstehen, dass die mit diesem Sammelbegriff bezeichneten Texte
eine einheitliche und abgeschlossene Größe verkörpern. Andererseits muss gewürdigt werden, dass nur eine Minderheit derartiger
Zeugnisse sich selbst explizit oder implizit als ‚verborgen' bezeichnet[183]. Mehrheitlich waren dieselben zur Zeit ihrer Entstehung
vielmehr lebendige Stimmen eines polyphonen Klangkörpers. Viele dieser Stimmen sind in Folge theologie- und dogmengeschichtlicher Entwicklungen verstummt, manche wurden explizit verbo-
ten. Im Sinne der historisch-kritischen und diskursanalytischen
Methodik, die den Bänden der Reihe ‚Platonisches Christentum'
zugrunde liegt, dürfen die skizzierten Entwicklungen nicht den
Blick für die Komplexität der Begegnungen von Platonismus und
frühem Christentum versperren.

Ebenso gilt es, zu beachten, dass die Zahl der apokryphen Zeugnisse des frühen Christentums durch archäologische Funde kon-

---

183 Während z.B. in den verschiedenen Varianten des Johannesapokryphons (NHC
II,1/III,1/IV,1/BG 2) der Terminus explizit als Titel verwendet wird, werden in
den einleitenden Worten des Thomasevangeliums die in diesem Werk überlieferten
Traditionen als ‚geheime Worte Jesu' bezeichnet (NHC II,2 p. 32,10-12; P.Oxy.
654,1-5). Demgegenüber können Kirchenväter wie Athanasius von Alexandrien
den Terminus zur Diskreditierung entsprechender Traditionen verwenden. Zur Geschichte der Verhältnisbestimmungen kanonischer und außerkanonischer Traditionen vgl. C. Markschies, Models, passim; T. Nicklas, Kanon, 588-609.

tinuierlich zugenommen hat und wohl auch weiter zunehmen wird[184]. Angesichts ihrer großen Fülle und religionshistorischen Vielfalt ist es gerechtfertigt, dieselben als den ‚verborgenen Kontinent'[185] des frühen Christentums zu bezeichnen, den es neu zu entdecken und theologisch zu würdigen gilt.

3.4 Perspektivenbefähigung und Pluralismuskompetenz

Die in den vorhergehenden Arbeitsschritten beschriebenen Freilegungen verborgener Diskursuniversen implizieren eine weitere Aufgabe exegetischer Wissenschaft. Letztere besteht darin, ‚Perspektivenbefähigung' zu vermitteln. Es geht darum, die verschiedenen Diskurspositionen besser zu verstehen, d.h. ihre jeweiligen religiösen und kulturellen Prägungen zu erfassen, die konkreten sozialen Kontexte zu würdigen, aus denen heraus sie formuliert wurden und in die hinein sie wirken wollten etc. Die pluralen frühchristlichen Identitätsbildungsprozesse bringen meines Erachtens paradigmatisch einen Sachverhalt zur Geltung, der sich in unterschiedlichsten Epochen der christlichen Theologie- und Kirchengeschichte beobachten lässt und der fortwährend Aufgabe christlicher Theologie bleiben wird: Angesichts sich wandelnder kultureller, sozialer und politischer Rahmenbedingungen muss stets neu reflektiert werden, inwiefern christliche Selbstverständnisse sich auf Neuorientierungen einlassen können und wie christliche Lebensformen gestaltet werden können. ‚Pluralismuskompetenz' ist insofern ein Ziel einer theologischen Ausbildung, als dass die Absolventinnen und Absolventen befähigt werden sollen, die

---

184 Während z.B. die Nag-Hammadi-Kodizes, die Medinet-Madi-Funde, der Codex Berolinensis Gnosticus 8502, die Textfunde im Kontext der Dachkla-Oase etc. bereits zumeist gut erschlossen sind, wurden von den Oxyrhynchus Papyri bis heute nur verhältnismäßig wenige Textbestände ediert.

185 So in Anlehnung an den Titel des programmatischen Sammelbandes von P. Piovanelli/T. Burke (Hg.), Apocryphal Continent, passim. Entsprechend stehen die Beiträge des Sammelbandes von T. Nicklas/C. Moss/C. Tuckett/J. Verheyden, The Other Side, passim unter dem Leitgedanken der ‚anderen Seite'.

Pluralität christlicher und religiöser Selbstverständnisse in ihren historischen Entwicklungen zu erkennen und in kirchlicher, schulischer, universitärer und gesellschaftlicher Verantwortung selbst zu deren weiteren Gestaltung beizutragen. Demgegenüber gehört meines Erachtens eine theologisch-dogmatische Beurteilung der analysierten religions- und philosophiegeschichtlichen Zeugnisse nicht zu den Aufgabenbereichen historisch-kritischer Exegese[186]. Das skizzierte Verständnis historisch-kritischer Perspektiven auf Zeugnisse der antik-mediterranen Geistesgeschichte gewinnt wertvolle Impulse aus dem Bereich diskursanalytischer Methoden, die im Folgenden betrachtet werden.

3.5 Vermittlungen historisch-kritischer und diskursanalytischer Methodologien

Eine Eigentümlichkeit aller Bände der Reihe ‚Platonisches Christentum' besteht darin, dass historisch-kritische und diskursanalytische Perspektiven auf das frühe Christentum miteinander vermittelt werden. Dieser Sachverhalt kann folgendermaßen erläutert werden: Wie zuvor dargelegt wurde, haben sich die unter dem Leitbegriff ‚historisch-kritische Exegese' subsumierten methodischen Arbeitsschritte sukzessive entwickelt und sind für Erweiterungen und Revisionen prinzipiell offen. In dieser Hinsicht ist es nur konsequent, dass bereits verschiedentlich erwogen wurde, inwieweit auch diskursanalytische Perspektiven historisch-kriti-

---

186 So in dezidierter Abgrenzung zu Konzepten, welche ein „historisch-kritisches Verständnis der historisch-kritischen Exegese als Voraussetzung ihrer theo-logischen Überwindung" verstanden wissen möchten (so etwa zuletzt U. Wilckens, Theologie III, 354).

sche Methodologien bereichern können[187]. Für die Betrachtungen der Begegnungen von Platonismus und frühem Christentum bietet sich ein solcher Ansatz im besonderen Maße an. Die Potenziale desselben können folgendermaßen skizziert werden: Ebenso wie der Begriff ‚historisch-kritische Exegese' bezeichnet auch der Begriff ‚Diskursanalyse' kein geschlossenes methodologisches Konzept. Es handelt sich vielmehr um eine prinzipielle Ausrichtung einer Betrachtung von Systemen unterschiedlichster Herkunft[188]. Ein verbindendes Element diskursanalytischer Perspektiven besteht vor allem darin, dass nicht nur der thematische Inhalt eines Systems im Vordergrund des Interesses steht, sondern auch die Art und Weise, wie dieses System zustande gekommen ist, weiterentwickelt wurde, wie es gegen vermeintliche Verfälschungen immunisiert wird und wie konträre Diskurspositionen diskreditiert bzw. verdrängt werden. Ebenso geht es nicht nur um die Frage, in welcher Weise Systeme z.B. in Medien wie schriftlichen Zeugnissen manifestiert wurden. Es geht ebenso um die Frage, welche Formen, Regeln und Repräsentationen dieselben in konkreten

---

187 Für die vorliegenden Fragestellungen erweisen sich v.a. die von Achim Landwehr und Siegfried Jäger entwickelten Konzepte einer historischen Diskursanalyse und einer kritischen Diskursanalyse als instruktive Bezugsgrößen (vgl. u.a. A. Landwehr, Diskusanalyse, passim; S. Jäger, Diskursanalyse, passim; Ders./J. Zimmermann, Lexikon, passim). Diesbezüglich sei verwiesen auf die meines Erachtens ansprechenden Vorarbeiten von S. Luther, Sprachethik, passim etc., welche diskursanalytische Perspektivierungen in Bezug auf die Entwicklungsgeschichte frühchristlicher Sprachkonventionen instruktiv anwendet. Zu früheren Ansätzen diskursanalytischer Methodologien im Kontext historisch-kritischer Exegese vgl. die themenspezifischen Sammelbände von S. E. Porter/J. T. Reed, Discourse Analysis, passim; S. E. Porter/D. A. Carson (Hg.), Topics, passim.

188 Die Komplexität diskursanalytischer Systembildungen resultiert bereits aus dem grundlegenden Phänomen, dass das jeweils zugrundeliegende Verständnis des Begriffs ‚Diskurs' divergieren kann. Entsprechend entwickelten sich in unterschiedlichen Fachdisziplinen eigenständige Forschungszweige. Zur Skizze der komplexen Forschungsgeschichte und disziplinspezifischer Eigenheiten vgl. R. Keller/A. Hirseland/W. Schneider/W. Viehöver, Diskursforschung, 7-20; A. Landwehr, Diskursanalyse, 13ff.; speziell zu den divergenten Vorgaben und Rezeptionen von Jürgen Habermas, Michel Foucault, Pierre Bourdieu, Ernesto Laclau und Chantal Mouffe vgl. op. cit., 60ff.

gesellschaftlichen Kontexten erfahren können. Angesichts dessen verwundert es kaum, dass verschiedene Formen diskursanalytischer Konzepte mit Nachdruck ideologiekritische Potenziale für sich in Anspruch nehmen. Dies gilt in besonderem Maße für Betrachtungen religiöser Systeme[189].

Die mit dem skizzierten Ansatz verbundene Arbeitsterminologie kann folgendermaßen erläutert werden: Die Geschichte des frühen Christentums wird als ein Diskurs*universum* betrachtet, in dem sich aus einer zunächst innerjüdischen Erneuerungsbewegung sukzessive Systeme herausentwickelt haben, die durch Auseinandersetzungen mit divergenten Vorstellungshorizonten ihrer antik-mediterranen Umwelt geprägt wurden. Jenes Diskursuniversum umfasst wiederum einzelne *Diskurse* bzw. *Diskursfelder*, die zuweilen fließend ineinander übergehen (als ein signifikantes Beispiel für die Begegnungen von Platonismus und

---

189 Treffend formuliert A. Landwehr, Diskursanalyse, 162 in Bezug auf die Potenziale religionswissenschaftlicher und historisch-kritischer Arbeitsfelder programmatisch: „Bezüglich der Themen bisheriger historischer Diskursanalysen lassen sich [...] gewisse Schwerpunkte identifizieren. Dabei ist die Vernachlässigung bestimmter Problemstellungen kaum zu übersehen. Dies ist beispielsweise im Bereich Religion auffällig, der aufgrund seiner historischen Bedeutung und der Möglichkeiten, die er gerade für historische Diskursanalysen bietet, wesentlich stärker im Mittelpunkt stehen könnte, als dies momentan der Fall ist. Denn bevor die (Natur-)Wissenschaften als dominantes Weltdeutungskonzept auf den Plan traten, war es ohne Zweifel die Religion, die für den weitaus größten Teil der Menschheitsgeschichte diese Funktion übernahm. Diese bedeutende Rolle ließe sich sicherlich auch im Zusammenhang diskurshistorischer Forschungsfragen noch deutlicher zum Ausdruck bringen." Entsprechend können diskursanalytische Theoriekonzepte in religionswissenschaftlichen Arbeitsfeldern in thematisch zuweilen sehr verschiedenen Kontexten rezipiert werden. Vgl. u.a. F. Neubert, Konstitution, 35-57; S. Gripentrog, Anormalität, 28 bzw. 45ff.; A. Feldtkeller, Religionswissenschaft, passim etc.

Christentum sei auf das Diskursfeld ‚Postmortale Existenz'[190] verwiesen, an dem im Folgenden die weitere Arbeitsterminologie erläutert wird). Innerhalb eines solchen Diskurses bzw. Diskursfeldes werden wiederum vor allem diejenigen Diskurs*stränge* und Diskurs*positionen* betrachtet, an denen die Spezifitäten und Konfliktpotenziale der jeweiligen Systeme zutage treten[191] (dies sind im Diskursfeld ‚Postmortale Existenz' z.b. diejenigen Vorstellungshorizonte, die [zuweilen unpräzise] als Diskursstränge und Diskurspositionen ‚körperliche Auferstehung der Toten' und ‚Unsterblichkeit der Seele' bezeichnet wurden[192]). Es gilt darzulegen, in welcher Weise derartige Stränge und Positionen aufeinander bezogen, voneinander abgegrenzt oder auch miteinander

---

190 Der sehr weit gefasste Terminus ‚Postmortale Existenz' kann eine Vielzahl von Vorstellungshorizonten umfassen (z.b. Vorstellungen von einer wie auch immer gedachten ‚jenseitigen Dimension' und damit einhergehenden Verständnissen von Zeit und Raum, vom Umgang mit Verstorbenen, von postmortalen Strafen und Belohnungen etc.). Letztere können wiederum im Rahmen konträrer literarischer Medien und soziologischer bzw. wissenssoziologischer Zusammenhänge kommuniziert werden, was eine Vergleichbarkeit zusätzlich erschwert (z.b. im Rahmen mythologischer Erzählungen, religiöser Bekenntnisse, philosophischer Abhandlungen, brieflicher Kommunikationen, epigraphischer und ikonographischer Zeugnisse etc.). Zu einer religionswissenschaftlichen Definition und inhaltlich-sachlichen Entfaltung des Begriffs ‚Postmortale Existenz' vgl. B. Gladigow, Art. Postmortale Existenz, 330-335.

191 Während Diskursstränge die Entwicklungslinien innerhalb eines Vorstellungshorizonts bezeichnen, fokussieren Diskurspositionen einzelne Entwicklungsstufen derselben. So können z.b. Dan 12,1-3; 1 Kor 15*; Apk 20,11-15 dem Diskursstrang ‚körperliche Auferstehung der Toten' zuordnet werden, innerhalb dessen Paulus in 1 Kor 15* seine zur Abfassungszeit des 1. Korintherbriefs aktuellen Diskurspositionen benennt. Zu diesen Terminologien vgl. S. Luther, Sprachethik, 43f.; S. Jäger, Diskursanalyse, 132f.

192 So können platonische und frühchristliche Systeme z.b. auch in Bezug auf Höllen- bzw. Paradiesvorstellungen verglichen werden, die ihrerseits dem Diskursfeld ‚Postmortale Existenz' zuzuordnen sind. Zu diesbezüglichen Studien vgl. u.a. A. M. Ritter, Eschatologie, 189-206; R. Feldmeier, Wägung, 167-188 etc. Insbesondere prägt jedoch die Frage nach dem Verhältnis der Diskursstränge ‚körperliche Auferstehung der Toten' und ‚Unsterblichkeit der Seele' seit langer Zeit die Debatten. Exemplarisch hingewiesen sei diesbezüglich auf die vielfach rezipierten Beiträge von O. Cullmann, Unsterblichkeit, passim, der dieselben im Titel einer ersten Edition mit einem „und", in einer jüngeren Auflage hingegen mit einem „oder" einander zugeordnet hat.

verschränkt wurden[193]. Dabei muss beachtet werden, dass oftmals lediglich Diskurs*fragmente* zu erkennen sind. Dies bedeutet, dass Texten Interpretationsfreiräume innewohnen, die – abhängig von der als Referenzgröße gewählten Interpretationsinstanz – völlig konträre Profilierungen ermöglichen[194].

Den zuvor skizzierten Verhältnisbestimmungen kanonischer und außerkanonischer Zeugnisse des frühen Christentums entsprechend werden die Prozesse der Ausbildung des biblischen Kanons und dogmengeschichtlicher Entwicklungen nicht als Diskurs*grenzen* betrachtet[195]. Letztere veranschaulichen vielmehr paradigmatisch, inwieweit sich in Diskursfeldern durch spezifische Diskursträger „Macht-Wissen-Formation(en)"[196] herausgebildet haben. Die historisch bedingten Diskurs*ordnungen* können wiederum Verdrängungen oder Verurteilungen von Diskurspositionen nach sich ziehen, deren Plausibilitäten es ihrerseits zu reflektieren

---

193 Zu unterschiedlichen Formen einer Vermittlung vgl. u.a. C. Markschies, Körper, 148ff. bzw. 394ff. Dabei ist zu beachten, dass religionsgeschichtlich betrachtet „die Vorstellungen von einem Aufstieg der Seele nach dem Tod und von einer endzeitlichen Auferweckung nebeneinander vorkommen [konnten], ohne dass man einen Widerspruch zwischen den Anschauungen empfand." So A. A. Fischer, Tod, 254; entsprechend H. Cavallin, Leben, 323f.

194 Exemplarisch sei verwiesen auf die Motive und Argumentationen in 1 Kor 15* oder die themenspezifisch relevanten Traditionen des Thomasevangeliums (EvThom 18/19/49-51/83/84).

195 Zu konträren Deutungen des Phänomens einer ‚Dekanonisierung' in Bezug auf bibelhermeneutische Konzepte sei verwiesen auf die instruktiven Beiträge der Sammelbände von H. Assel/S. Beyerle/C. Böttrich (Hg.), Beyond Biblical Theologies, passim; E.-M. Becker/S. Scholz (Hg.), Kanon, passim.

196 Vgl. A. Waldschmidt, Diskursanalyse, 152.

gilt[197].

> *Leit-These 1.9:* Historisch-kritische und diskursanalytische Pers-
> pektiven auf die Geschichte des frühen Christentums revitalisie-
> ren die Diskurse, die sich zwischen kanonischen und außerkano-
> nischen Zeugnissen des frühen Christentums beobachten lassen
> (insbesondere zwischen dem Johannesevangelium und dem
> Thomasevangelium und den mit ihnen in Beziehung stehenden
> Diskurspositionen).

Dass die beschriebenen historisch-kritischen und diskursanalytischen Perspektiven auf die Geschichte des frühen Christentums
auf der Ebene religionsgeschichtlicher Beschreibungen wertvolle
Diskussionsimpulse vermitteln können, sollte kaum strittig sein.
Strittiger ist jedoch, inwiefern sie auch eine Bedeutung für Theologie und Kirche haben. Dieser Frage wird im folgenden Kapitel
nachgegangen.

> *Leit-These 1.10:* Auseinandersetzungen mit den apokryphen
> Zeugnissen des frühen Christentums haben nicht nur eine Rele-
> vanz für religionsgeschichtliche Rekonstruktionen (bzw. Konst-
> ruktionen), sondern auch für Theologie und Kirche.

---

197 Gerade an den vielfältigen Formationen kanonischer und außerkanonischer
Zeugnisse kann folgender Leitgedanke von S. Jäger, Diskursanalyse, 117 veranschaulicht werden: „Texte sind insofern niemals etwas nur Individuelles, sondern
immer auch sozial und historisch rückgebunden. Anders ausgedrückt: Sie sind oder
enthalten Fragmente eines (überindividuellen) sozio-historischen Diskurses." In
dieser Hinsicht können auch zeitgenössische Diskussionen über frühchristliche
Texte ihrerseits diskursanalytisch betrachtet werden. Vgl. S. Scholz, Diskursanalyse, 136: „Weiterhin bleibt die ntl. D[iskursanalyse] nicht bei der Interpretation
der ntl. Texte stehen, sondern befragt ebenso deren Wirkungsgeschichte nach
diskursiven Praktiken, etwa der instrumentellen Vereinnahmung ntl. Normtexte in
der Kirchen- und Profangeschichte. Schließlich lässt sich der ntl. Wissenschafts-
betrieb selbst diskursanalytisch als wechselseitiges Kräftespiel aufeinander ein-
wirkender, sich gegenseitig legitimierender und ausschließender Machtverhältnis-
se darstellen."

4. Platonisches Christentum und ‚rationale Religiosität‘

Ein zentrales Anliegen der zuvor beschriebenen historisch-kritischen und diskursanalytischen Perspektiven auf die Geschichte des frühen Christentums besteht darin, ‚rationale Religiosität‘ als Ausdruck intellektueller Selbstbestimmung zu fördern. Um dieses Anliegen präziser erläutern zu können, wird zunächst skizziert, in welcher Weise zwischen den Begriffen ‚Religion‘, ‚Religiöse Systeme‘ und ‚Religiosität‘ zu differenzieren ist (4.1) und warum ‚subjektive Plausibilität‘ ein Fundament einer ‚rationalen Religiosität‘ bildet (4.2). Vor diesem Hintergrund können die Potenziale für Theologie und Kirche erläutert werden, welche jenem neuen Ansatz eines platonischen Christentums innewohnen (4.3).

4.1 Differenzierungen der Begriffe ‚Religion‘, ‚Religiöse Systeme‘ und ‚Religiosität‘

Der Begriff ‚Religion‘ begegnet mit leichten Variationen in vielen Sprachen und Kulturen und wird alltagssprachlich oft leichtfertig benutzt. Gleichwohl ist derselbe keineswegs selbstverständlich. Einerseits sind bereits seine etymologischen Wurzeln in der lateinischen Sprache nicht eindeutig ableitbar[198]. Andererseits konnte er in der abendländischen Geistesgeschichte unterschiedliche, zum Teil konträre Bestimmungen und Verwendungen erfahren[199]. Angesichts dessen empfiehlt es sich, zwischen dem allgemeinen Phänomen ‚Religion‘, historisch gewachsenen ‚religiösen Syste-

---

198 Vgl. u.a. R. Muth, Wesen, 290-354; E. Feil, Religio I, 39-49; F. Stolz, Religionswissenschaft, 223ff.; H. von Stietencron, Begriff, 111-137; H. G. Kippenberg /K. von Stuckrad, Einführung, 14f.; F. Neubert, Konstitution, 15-34 etc.

199 Exemplarisch sei auf das monumentale Werk von Ernst Feil hingewiesen, welches die Komplexitäten der Verwendung des Begriffs ‚Religion‘ für die abendländische Kulturgeschichte von den Anfängen des Christentums bis ins 19. Jahrhundert hinein nachzuzeichnen versucht (vgl. E. Feil, Religio I-IV, passim). Da der Autor selbst inzwischen verstorben ist, gibt es Bestrebungen, die Komplexitäten der Begriffsverwendungen im 20. und frühen 21. Jahrhundert in Kooperationen verschiedener Wissenschaftsgebiete aufzuarbeiten.

men‘ und ‚Religiosität‘ zu unterscheiden.

Die skizzierte Differenzierung kann folgendermaßen erläutert werden: Religiöse Vorstellungen bilden sich oft in solchen Situationen aus, in denen Menschen mit einer Bewältigung von Kontingenzerfahrungen bzw. einem Kontingenzverlust konfrontiert werden. Hierbei handelt es sich um Phänomene, für die Erklärungen und Deutungen gesucht werden, ohne dass dieselben auf einem rational-wissenschaftlichen Weg unmittelbar zugänglich sind. In früheren Entwicklungsphasen menschlicher Kultur konnten sich solche religiösen Deutungsversuche auf viele Lebensbereiche erstrecken. Exemplarisch sei auf religiöse Deutungen von Naturereignissen verwiesen, deren Entstehungen noch nicht wissenschaftlich verstanden werden konnten (z.B. die Struktur astronomischer Phänomene, der Wechsel von Jahreszeiten, die Entstehung von Regen, Hagel, Gewitter oder von Naturkatastrophen etc.)[200].

In der Geschichte der Menschheit wurden viele religiöse Vorstellungen entwickelt, welche für sich in Anspruch nehmen, Deutungen und Erklärungen derartiger Phänomene zu bieten. Aus einzelnen religiösen Vorstellungen entwickelten sich wiederum größere religiöse Systeme. Von religiösen Systemen kann gesprochen werden, sobald einzelne religiöse Vorstellungen zu größeren Deutungsmustern zusammengefasst werden und Strukturen einer Legitimation und organisatorischen Vermittlung ausbilden (zur

---

200 Vgl. F. Stolz, Religionswissenschaft, 33: „Überall steht der Mensch vor der Aufgabe, seine Welt, die offen und nicht festgelegt ist, zu ordnen und zu kontrollieren; überall ist er mit Mächten konfrontiert, die sich dieser Kontrolle entziehen (seien es nun Mächte der Natur, einer entgegengesetzten politischen Ordnung, des unkontrollierbaren kontingenten geschichtlichen Ablaufs oder auch innerpsychischer Erfahrungen); an dieser Stelle sind die religiösen Probleme angesiedelt. Es geht darum, dem Bereich des Unkontrollierbaren eine Form zu geben, mit der sich umgehen lässt. Dabei wird einerseits Unkontrollierbares in die Kontrolle überführt, andererseits aber doch wieder belassen; Religion leistet also eine gleichzeitige Darstellung der unkontrollierbaren lebensbestimmenden Mächte und der kontrollierbaren Lebensordnung, die darin gründet. Dadurch ergibt sich eine grundlegende und umfassende Orientierung des Menschen – eine Orientierung, derer er als ‚Mängelwesen‘ bedarf. Religion gehört also zum Wesen des Menschen.“

Profilierung des Begriffs ‚System' sei verwiesen auf die nachfolgenden Erläuterungen zu systemtheoretischen Ansätzen)[201].

> *Leit-These 1.11:* Während ‚Religion' ein generelles Phänomen menschlicher Kultur ist, sind ‚religiöse Systeme' kulturell und geschichtlich bedingte Konstruktionen, deren Modifikationen ihrerseits kulturelle und geschichtliche Wandlungen widerspiegeln.

Viele religiöse Systeme nehmen für sich in Anspruch, auf unterschiedlichen Formen von ‚Offenbarungen' zu basieren, die z.B. in sogenannten ‚heiligen Texten' niedergeschrieben wurden. Letztere sollen durch Stifterfiguren legitimiert worden sein, die Inspirationen einer numinosen bzw. göttlichen Sphäre erfahren haben. Die Formierungen religiöser Systeme gehen oftmals einher mit dem Aufbau von Gemeinschafts- und Hierarchiestrukturen, welche regeln sollen, in welcher Weise die jeweiligen religiösen Glaubensinhalte die Lebensvollzüge ihrer Anhängerschaft zu prägen haben. Konkrete Beispiele für solche Reglementierungen sind die Ausbildungen von rituellen Handlungen (also z.B. Gottesdienstformen, Opferkulte, Gebetstexte etc.). Auf diese Weise wird der Fortbestand des jeweiligen Systems gesichert und vor der Einflussnahme vermeintlicher Irrlehren geschützt (letztere werden in Anschluss an frühchristliche Traditionen oftmals als ‚Häresien'

---

201 Exemplarisch sei auf den Definitionsvorschlag des Kulturanthropologen Clifford Geertz hingewiesen, der in religionswissenschaftlichen und historisch-kritischen Konzepten oftmals rezipiert und variiert wurde. Für C. Geertz, Religion, 54, ist Religion „(1) ein Symbolsystem, das darauf zielt (2) starke, umfassende und dauerhafte Stimmungen und Motivationen in den Menschen zu schaffen, (3) indem es Vorstellungen einer allgemeinen Seinsordnung formuliert und (4) diese Vorstellungen mit einer solchen Aura von Faktizität umgibt, dass (5) die Stimmungen und Motivationen völlig der Wirklichkeit zu entsprechen scheinen."

bezeichnet)[202].

An diesen Aspekten kann erläutert werden, inwieweit in einer religionswissenschaftlichen Zugangsperspektive zwischen einem ontologischen bzw. substanziellen und einem funktionalen Religionsbegriff unterschieden wird. Ein ontologischer bzw. substanzieller Religionsbegriff versucht, den Inhalt eines religiösen Systems inhaltlich-sachlich zu erfassen und zwischen vermeintlich angemessenen und unangemessenen Bestimmungen zu differenzieren[203]. Demgegenüber entziehen sich funktionale Religionsbegriffe einer solchen Bewertung bzw. inhaltlichen Bestimmung und arbeiten stattdessen die Funktion der jeweiligen Konzepte für die entsprechenden Gemeinschaften heraus[204].

In den Entwicklungsgeschichten religiöser Systeme kam es immer wieder zu Konflikten mit wissenschaftlichen Disziplinen, deren Erkenntnisse nicht mehr mit historisch gewachsenen Dogmen und Bekenntnissen vermittelbar waren (dies gilt im besonderen Maße

---

202 An derartigen Phänomenen kann die Leistungsfähigkeit systemtheoretischer Zugänge zur Geschichte des frühen Christentums diskutiert werden, insofern dieselben paradigmatisch zutage treten lassen, welche Verhaltensmechanismen auftreten, wenn sich aus bestehenden religiösen Systemen neue Systeme herausentwickeln, die in unterschiedlicher Weise eine Rückanbindung an jene Vorgaben formulieren (vgl. u.a. Anm. 211 bzw. Anm. 213).

203 Paradigmatisch hierfür sind Debatten im Bereich christlicher Traditionen über die Frage, inwieweit es so etwas wie das ‚Wesen des Christentums' gibt und inwieweit es Gestaltwerdung christlicher Gemeinschaften und Theologien gibt, die diesem vermeintlichen ‚Wesen des Christentums' widersprechen. Zur theologiegeschichtlichen Verortung und Profilierung entsprechender Diskurse vgl. K.-H. Menke, Wesen, passim.

204 Wissenschaftsgeschichtlich betrachtet steht die Entwicklung substantieller und funktionaler Religionsbegriffe mit der Ausbildung und dem Auseinanderdriften religionsphänomenologischer und religionssoziologischer Konzepte in Beziehung. Oftmals mit substantiellen Religionsbegriffen arbeitende religionsphänomenologische Konzepte haben v.a. in deutschsprachigen Diskursen sukzessive an Bedeutung verloren, während religionssoziologische Beschreibungskonzepte und die darin rezipierten funktionalen Religionsbegriffe in den Vordergrund getreten sind. Zu diesen Entwicklungen vgl. F. Stolz, Religionswissenschaft, 22f.; V. Krech, Religionstheorie, 169ff. Zur Relevanz dieser terminologischen Differenzierungen für historisch-kritische Betrachtungen frühchristlicher Tradition vgl. E. E. Popkes, Religion, passim.

für Fortschritte im Bereich der sogenannten Naturwissenschaften). Auf diese Weise wurden viele Teilaspekte religiöser Systeme obsolet, die heute nur noch als historisch bedingte Teilaspekte der Entwicklungsgeschichte religiöser Systeme gewürdigt werden können (z.B. in den zuvor erwähnten Bereichen der Astronomie oder Meteorologie).

Eine grundlegende Frage in der Verhältnisbestimmung naturwissenschaftlicher und religiöser Weltbilder ist jedoch, inwiefern es Bereiche menschlicher Existenz gibt, in denen trotz kontinuierlich fortschreitender wissenschaftlicher Erkenntnisprozesse Phänomene bestehen bleiben, welche Menschen mit dem skizzierten Kontingenzverlust konfrontieren. Dies gilt z.B. für die vielfachen Variationen der Frage, ‚warum überhaupt etwas ist und nicht vielmehr nichts?'[205] Mit anderen Worten: Haben die vorfindliche Existenz des Universums im Generellen und die Existenz menschlicher Individuen im Speziellen eine höhere Sinngebung oder handelt es sich bei ihnen um zufällige Nebenprodukte ursprünglich sinnfreier evolutionärer Prozesse? Paradigmatisch treten derartige Fragen an einem Themenfeld zutage, welches in den Teilbänden der Reihe ‚Platonisches Christentum' vielfach berührt wird, nämlich an dem Diskursfeld ‚Tod'. Die Frage, was der Tod ist und was nach jener finalen Grenze der vorfindlichen Existenz sein soll, war schon immer eine Inspirationsquelle für die Entstehung religiöser Vorstellungen. Und an den Auseinandersetzungen mit diesen Fragen treten auch die Eigentümlichkeiten jener Systeme zutage, die mit den unpräzisen Begriffen ‚Platonismus' und ‚Christentum' bezeichnet werden.

Ebenso wie der Begriff ‚Religion' ist auch der Begriff ‚religiöse Systeme' keineswegs selbstverständlich, da er weitere wissenschaftstheoretische Diskursfelder berührt, u.a. die Fragen, was

---

205 Divergente Variationen und Beantwortungen dieser Leitfrage gibt es seit der Antike bis hinein in die Gegenwart. Zu geschichtlichen Hintergründen und pluriformen Revitalisierungen derselben vgl. die Beiträge des instruktiven Sammelbands D. Schubbe/J. Lemanski/R. Hauswald (Hg.), Variation, passim.

mit den Begriffen ‚System' bzw. ‚Systembildungen' bezeichnet werden soll[206]. Gemäß seiner etymologischen Wurzeln in altgriechischen Traditionen bezeichnet der Begriff zunächst schlicht Strukturen, die (sich) aus mehreren Einzelaspekten zusammensetzen bzw. zusammengesetzt wurden. In dieser Hinsicht kann der Begriff ‚System' in unterschiedlichsten wissenschaftlichen Zusammenhängen verwendet werden. Wenn dabei nach der Entstehung und Organisation von religiösen Systemen gefragt wird, kann die Frage aufgeworfen werden, inwiefern die historisch-kritische und diskursanalytische Methodik, die den Bänden der Reihe ‚Platonisches Christentum' zugrunde liegt, auch durch systemtheoretische Konzepte zusätzliche Impulse vermittelt bekommen kann und worin Abgrenzungen zu systemtheoretischen Referenzgrößen bestehen. Diesbezüglich muss zunächst vergegenwärtigt werden, dass die Vermittlungsmöglichkeiten diskursanalytischer und systemtheoretischer Konzepte bereits verschiedentlich reflektiert wurden[207]. Ebenso ist zu beachten, dass die Potenziale systemtheoretischer Konzepte für theologische Arbeitsfelder schon an den von Niklas Luhmann herausgearbeiteten Fundamenten entsprechender Theoriekonzepte zutage treten. Nachdem Niklas Luhmann bereits früh die Hoffnung formuliert hatte, dass seine Diskussionsimpulse „auf seiten der Theologie mehr als bloße Immunreaktionen und mehr als bloße Wortübernahmen auslösen"[208] mögen, wurden dieselben in verschiedenen Teildisziplinen

---

206 So in leichter Differenz zu den bereits angesprochenen Ansätzen des Kulturanthropologen Clifford Geertz, Religion, 44-94, der in Bezug auf Religionen von ‚kulturellen Systemen' und ‚Symbolsystemen' spricht (vgl. Anm. 201).

207 Zur Diskussion vgl. R. Keller, Systemtheorie, 241-272; J. Siri/T. Robnik/K. Möller, Diskursanalyse, 115-132 u.a.

208 So bereits in dem 1976 formulierten Vorwort der unter dem Titel ‚Funktion der Religion' zusammengefassten Teilstudien, in dem er ebenso hervorhob: „Die Frage, ob Religion noch möglich ist, wird [...] zum Leitmotiv aller Kapitel. Sie explizit zu stellen, erübrigt sich heute. Sie prognostisch zu beantworten ist unmöglich. Aber vielleicht liegt eine Chance darin, den theoretischen Kontext dieser Frage so zu formulieren, daß sie mutatis mutandis an jeden Funktionsbereich gestellt werden kann." (vgl. N. Luhmann, Funktion, 8).

wissenschaftlicher Theologie aufgenommen und diskutiert[209]. In Bezug auf die Entwicklungsgeschichte des frühen Christentums bzw. historisch-kritische Methodologien war dies freilich bisher kaum der Fall[210]. Im Gegensatz zur Vermittlung historisch-kritischer und diskursanalytischer Zugangsperspektiven bedürfte es somit wissenschaftstheoretischer Vorarbeiten, die zwar nicht zu den primären Anliegen dieser methodischen Grundlegungen gehören, auf deren Potenziale jedoch partiell hingewiesen werden soll[211].

Prinzipiell kann festgehalten werden, dass religionsgeschichtliche Entwicklungen für die Frage der Leistungsfähigkeit systemtheoretischer Zugangsperspektiven aufschlussreich sein können, insbesondere für die eingangs angesprochene Frage, in welcher Weise sich aus frühjüdischen Systemen sukzessive frühchristliche Systeme entwickelt haben und inwiefern es diesbezüglich überhaupt angemessen ist, von einem ‚Parting of the Ways' zu sprechen[212]. Paradigmatisch kann dies in Bezug auf Kanonsbildungsprozesse diskutiert werden, insofern die verschiedenen Traditionsstufen der jüdischen Bibel zugleich zum Fundament einer christlichen

---

209 Zur Differenzierung unterschiedlicher Rezeptionsformen und weiterführender Diskurspotenziale vgl. die instruktiven Beiträge der Sammelbände von u.a. G. Thomas/A. Schüle (Hg.), Theologie, passim; M. Welker (Hg.), Systemtheorie, passim.

210 Als Beispiele entsprechender Ansätze sei verwiesen auf D. Starnitzke, Codierung, 173-188; A. Schüle, Systembildung, 211-228.

211 Bemerkenswerterweise wurden derartige methodische Zugänge zur Geschichte des frühen Christentums zunächst von dem religionswissenschaftlichen Diskursteilnehmer J. E. Hafner, Selbstdefinition, passim erwogen, der einen „systemtheoretische[n] Zugang zur frühchristlichen Ausgrenzung der Gnosis" zu entwickeln versucht (so der programmatische Untertitel der Studie). In den folgenden Bänden der Reihe ‚Platonisches Christentum' wird in Bezug auf diesen Beitrag freilich verschiedentlich erläutert werden können, welche Probleme entstehen, wenn komplexe und divergente religionshistorische Gegebenheiten der antik-mediterranen Geistesgeschichte in neuzeitlich entwickelte metatheoretische Beschreibungskonzepte eingezeichnet werden sollen.

212 Zu dieser Problemkonstellation s.o. Kapitel 2.1: Die Problematik der Begriffe ‚Platonismus' und ‚frühes Christentum'.

Bibel avancierten[213]. Gleiches gilt für die Ausbildungsprozesse christlicher Dogmen und Bekenntnisse, an denen nicht nur Neuformierungen spezifisch christlicher Systeme herausgearbeitet werden können, sondern auch Binnendifferenzierungen innerhalb neu entstehender Religionssysteme.

Gleichwohl stehen systemtheoretische Konzepte zuweilen in der Gefahr, die Bedeutung eines Aspekts zu vernachlässigen, der für die Bände der Reihe ‚Platonisches Christentum' von zentraler Relevanz ist. Es soll nicht nur betrachtet werden, welche konträren Systeme sich in den Begegnungen von Platonismus und frühem Christentum entwickelt haben, sondern es soll ebenso zur Geltung gebracht werden, inwiefern jene Revitalisierungen frühchristlicher Diskurse Zugänge zu neuen Formen platonisch-christlicher Religiosität eröffnen. Bei dem Begriff der ‚Religiosität' stehen jedoch im Kontrast zum Begriff des ‚religiösen Systems' subjektive Plausibilitäten im Vordergrund des Interesse. Letztere lassen sich oftmals nur unzureichend in größere Systeme einzeichnen und entziehen sich somit systemtheoretischen Konzepten[214]. Warum jedoch subjektive Plausibilitätsurteile das Fundament einer rationalen Religiosität bilden, wird in den folgenden Arbeitsschritten

---

213 Entsprechend konstatiert A. Schüle, Systembildung, 214 in einer systemtheoretischen Beschreibung der Funktion von Kanonsbildungsprozessen: „Heilige Texte sind ... für die Stabilisierung des Codes der Religion zuständig. Sie markieren die Systemgrenze, weil sie das Wissen sowohl um den qualitativen Unterschied zwischen Immanenz und Transzendenz als auch um die Zusammengehörigkeit beider Seiten vermitteln. Ohne Schrift gäbe es möglicherweise ein vages Bewußtsein von psychischen Systemen für irgendetwas ‚jenseits' der Wirklichkeit, aber es wäre weder klar, was dieses ‚jenseits' bedeutet noch welche Relevanz es für Erfahrenswerte ‚diesseits' hat. Anders gesagt: es könnte auch ohne Schrift so etwas wie religiöses Erleben geben, aber dies bliebe zu unbestimmt, um für eine andere Form psychischer oder sozialer Kommunikation anschlussfähig zu sein."

214 Das damit einhergehende Problem wird von G. Thomas/A. Schüle, Perspektiven, 1 folgendermaßen umschrieben: „So spielt in Luhmanns Theorie (wie, wenngleich in anderer Form, auch bei Luhmanns beständigem Antipoden Jürgen Habermas) das selbstbewusste Individuum, das Subjekt keine konstitutive Rolle mehr (...), was insbesondere die liberale Denkfigur des ‚frommen Selbstbewusstseins' herausfordert." Zu weiteren Problemen der funktionalen Religionstheorie Luhmanns vgl. D. Pollack, Säkularisierung, 56-76.

dargelegt.

4.2 Rationale Religiosität und subjektive Plausibilität

Ein zentrales Anliegen der Reihe ‚Platonisches Christentum' ist es, die skizzierten frühchristlichen Diskurse neu zu beleben und Diskussionen um neue Formen einer platonisch-christlichen Religiosität zu inspirieren. Gleichwohl werden im Sinne der zugrunde gelegten historisch-kritischen und diskursanalytischen Methodik religions- und philosophiegeschichtliche Entwicklungen oftmals nur beschrieben, ohne dieselben theologisch zu beurteilen. Wenn subjektive Positionierungen im Diskursfeld vorgenommen werden, werden dieselben explizit als solche benannt. Auf diese Weise sollen die Diskursteilnehmer(innen) ermutigt und befähigt werden, für sich selbst zu beurteilen, wie sie die jeweiligen Denkansätze bewerten und welche theologischen Konsequenzen sie für sich selbst daraus ableiten.

Die skizzierte Herangehensweise entspricht einem Anliegen jener geistesgeschichtlichen Aufbruchsbewegung, in deren Zusammenhang sich historisch-kritische Methodologien anfänglich formiert haben, nämlich der sogenannten ‚Aufklärung'. Letztere kann mit dem klassisch gewordenen Leitgedanken von Immanuel Kant als der „Ausgang des Menschen aus seiner selbstverschuldeten Unmündigkeit" bezeichnet werden, der dazu ermutigen und befähigen soll, sich seines eigenen Verstandes „ohne Leitung eines anderen zu bedienen"[215]. In der Konsequenz eines solchen Denkansatzes kann die Aufgabe historisch-kritischer Beschreibungen religions- und philosophiegeschichtlicher Entwicklungen lediglich eine vorbereitende Funktion erfüllen. Oder um es wiederum mit den zuvor verwendeten Begriffen zu formulieren: Historisch-kri-

---

215 Vgl. I. Kant, Aufklärung, 7. Zur Verortung und Profilierung dieses Diktums im Gesamtwerk von Immanuel Kant im Generellen und in dessen Religionsphilosophie im Speziellen vgl. O. Höffe, Religionsschrift, 1-28 bzw. die Beiträge des instruktiven Sammelbandes H. F. Klemme (Hg.), Aufklärung, passim.

tische Beschreibungen dienen einer ‚Perspektivenbefähigung'. Diskursanalytische Perspektiven begleiten diesen vorbereitenden Prozess, insofern sie verstehen lassen, warum sich in historischen Entwicklungen spezifische Diskurspositionen durchsetzen konnten und auf welche Weise konträre Diskurspositionen verdrängt oder als Irrlehre verurteilt wurden. Welche theologischen Konsequenzen infolge derartiger Perspektivenbefähigungen gezogen werden, obliegt der subjektiven Plausibilität. Die Diskursteilnehmerinnen und Diskursteilnehmer sollen für sich selbst entscheiden, welche Denkansätze ihre persönliche Religiosität prägen und welche nicht[216]. Eine solche Form von Religiosität kann somit als eine ‚rationale Religiosität' verstanden werden, da sie die Folge einer intellektuellen Selbstbestimmung ist.

> *Leit-These 1.12:* ‚Rationale Religiosität' ist ein Ausdruck intellektueller Selbstbestimmung.

Die skizzierte Einschätzung steht einem Verständnis von Religiosität nahe, welches von weiteren Diskursteilnehmerinnen und Diskursteilnehmern auch mit Begriffen wie ‚Natürliche Theologie'

---

216 Dies entspricht jenen Entwicklungen, die mit dem Religionssoziologen H. Knoblauch, Religion, 23 als eine „Privatisierung der Religion" beschrieben werden können. Entsprechend bezeichnet J. A. von Belzen, Religionspsychologie, 199 aus einer religionspsychologischen Perspektive „Religiosität (als) das persönlich-subjektive Korrelat einer Religion". Zu Implikationen und Problemen der Rede von einem ‚Subjekt' bzw. einer ‚Subjektivität' vgl. I. U. Dalferth/P. Stoellger, Subjektivität, passim. Historisch betrachtet lassen sich derartige Ansätze auch bereits bei einem Diskursteilnehmer beobachten, der für die Entwicklungsgeschichte historisch-kritischer Exegese von zentraler Bedeutung ist, nämlich bei Johann Salomo Semler und seiner Unterscheidung von einer öffentlichen und privaten Religion (ausführlich hierzu M. Laube, Unterscheidung, 1-23).

und ‚Aufgeklärte Religion' bezeichnet werden kann[217]. Um jedoch eine Spezifität der Beiträge der Reihe ‚Platonisches Christentum' hervorzuheben, sei auf folgenden Sachverhalt hingewiesen: Auch wenn die meisten Konzepte einer ‚natürlichen' oder ‚rationalen Theologie', die sich von historisch-gewachsenen religiösen Systemen und ihren Wahrheitsansprüchen emanzipiert haben, erst in Folge des Humanismus und der Aufklärung entstanden sind, so sind erste Ansätze hierzu bereits in der antik-mediterranen Geistesgeschichte zu beobachten – und niemand anders als Platon selbst wird zumeist als ein bedeutender Wegbereiter dieser Formen von Religiosität verstanden[218]. Freilich lässt sich bei Platon ein Phänomen beobachten, das in neuzeitlichen Konzepten einer rationalen Religion kaum Analogien besitzt: Platon war nicht nur ein Kritiker traditioneller Mythen, sondern erschuf selbst auch neue Formen ‚mythologischer Bilder'. Mit anderen Worte: Platon konzipierte Mythen, um seine logisch-rational begründeten Vorstellungen zu veranschaulichen und kreativ auszugestalten. Bis in die Gegenwart hinein wird in der Platon-Forschung kontrovers diskutiert, wie diese Facetten des *Corpus Platonicum* zu bewerten sind[219]. Vorausgreifend kann hervorgehoben werden, dass diese

---

217 Zu den historischen Hintergründen dieser Begriffe vgl. u.a. R. Re Manning u.a. (Hg.), Natural Theology, passim; O. Höffe, Religionsschrift, 1-28; R. Mosayebi, Vernunftreligion, 231-247 und die Beiträge des instruktiven Sammelbands von U. Barth/C. Danz/W. Gräb/F. W. Graf (Hg.), Religion, passim, in denen die Entwicklungsgeschichte und die weiterführenden Potenziale entsprechender Konzepte v.a. in Auseinandersetzungen mit den Werken von Friedrich Daniel Ernst Schleiermacher, Ernst Troeltsch und Paul Tillich herausgearbeitet werden. Die wertvolle Edition dokumentiert jedoch zugleich ein Desiderat entsprechender Diskurse. Obwohl in den entsprechenden Beiträgen fortwährend auf die Bedeutung der Entwicklungsgeschichte einer historisch-kritischen Exegese verwiesen wird, waren kaum historisch-kritischen Exeget(innen) in das Projekt eingebunden.

218 Zu den entsprechenden Zügen des *Corpus Platonicum* und dem Spektrum unterschiedlicher Deutungen einer Theologie Platons vgl. L. P. Gerson, God, passim; S. R. L. Clark, Origins, 9-22; M. Bordt, Theologie, passim.

219 Zur Skizze der Problemkonstellationen und Forschungsdiskurse sei verwiesen auf den instruktiven Sammelband von M. Janka/C. Schäfer (Hg.), Mythologe, passim und auf meine Vorarbeiten in E. E. Popkes, Erfahrungen I, 110ff.

Vermittlungen rational-logischer und mythologischer Sprachebenen in den Beiträgen der Reihe ‚Platonisches Christentum' eine
besondere Aufmerksamkeit erhalten werden.

Ebenso sei hervorgehoben, dass in diesen Zusammenhängen nicht
von einer ‚natürlichen' oder ‚rationalen Religion' gesprochen
wird, sondern von einer ‚rationalen Religiosität'. Diese termino-
logische Differenz entspricht dem methodischen Anliegen, subjektive Plausibilitätsurteile vorzubereiten. Der Begriff der ‚subjektiven Plausibilität' kennzeichnet dabei eine erkenntnis- und
wissenschaftstheoretische Mittelposition, welche für verschiedenste Forschungsfelder von Relevanz ist, insbesondere auch für
religionshistorische Beschreibungen. Wenn in Bezug auf eine Problemkonstellation nicht eindeutig festgestellt werden kann, ob
ein Erklärungsansatz ohne Zweifel richtig oder falsch ist, so muss
erörtert werden, inwiefern ein Erklärungsansatz mehr oder weniger plausibel ist. Plausibilitätsurteilen wohnen wiederum *per se*
subjektive Komponenten inne – und zwar im wahrsten Sinne des
Wortes: Die etymologischen Wurzeln des erst frühneuzeitlich belegten Begriffs ‚Plausibilität' liegen nämlich in den lateinischen
Begriffen *plaudere* bzw. *plausibilis* (‚Beifall klatschen' bzw. ‚Beifall verdienend'). Die dem Wortstamm innewohnende Metaphorik
bringt somit zum Ausdruck, dass die einzelnen Diskursteilneh-
mer(innen) selbst zu entscheiden haben, welchem Erklärungsmo-
dell für eine wissenschaftliche Fragestellung sie zustimmen bzw.
‚Beifall spenden' möchten.

Dass historisch-kritische und diskursanalytische Perspektivierungen lediglich subjektive Plausibilitätsurteile vorbereiten sollen,
steht in Beziehung zu Entwicklungen, die religionssoziologisch
– oftmals abschätzig – als ‚religiöse Bricolage', als ‚Patchwork-Religiosität' oder als „privater Alltagssynkretismus"[220] bezeichnet

---

220 So R. Sachau, Tod, 146. Zu den Hintergründen und Ausdifferenzierungen einer
derartigen u.a. bei Claude Lévi-Strauss und Niklas Luhmann präfigurierten Terminologie vgl. C. Lévi-Strauss, Denken, 29-36; D. Pollack, Religion, 58-62; V. Krech,
Bricolage, 35-44; H. Schelkshorn, Religion, 73f.

wurden, also z.B. zu jenen Phänomenen, dass die etablierten Grenzen religiöser Systeme infrage gestellt werden und dass einzelne Personen für sich selbst entscheiden, welche Aspekte religiöser Systeme sie als plausibel erachten und welche nicht bzw. nicht mehr. Dabei gilt es, sich zu vergegenwärtigen, dass der Vorwurf einer Willkürlichkeit individueller Gestaltungen religiöser Weltbilder im Sinne historisch-kritischer und diskursanalytischer Perspektivierungen unberechtigt ist. Historisch-kritische Aufarbeitungen religionsgeschichtlicher Entwicklungen veranschaulichen vielmehr, inwiefern religiöse Systeme prinzipiell als ‚religiöse Bricolage' oder ‚Patchwork-Religiosität' verstanden werden können.

4.3 Potenziale einer Revitalisierung frühchristlicher Diskurse für Theologie und Kirche

Im vorhergehenden Arbeitsschritt wurde erläutert, inwiefern historisch-kritische und diskursanalytische Perspektiven auf die Geschichte des frühen Christentums die einzelnen Diskursteilnehmerinnen und Diskursteilnehmer dazu befähigen und ermutigen sollen, für sich selbst zu entscheiden, welchen Grad an Plausibilität sie den jeweiligen Denkansätzen zugestehen. Eine solche Herangehensweise hat jedoch nicht nur Potenziale für die Ausbildung einer individuellen Religiosität, sondern auch für historisch gewachsene religiöse Systeme. Wenn religiöse Systeme als kulturell und historisch bedingte Konstruktionen verstanden werden, in deren Modifikationen sich die Wandlungen ihrer kulturellen Rahmenbedingungen widerspiegeln, so sind auch Modifikationen religiöser Systeme als kulturelle Aufgaben zu verstehen, die kontinuierlich zu bewältigen sind.

Die zuletzt formulierte Einschätzung mag auf den ersten Blick für jene Leserinnen und Leser verwunderlich erscheinen, die nicht mit den Eigentümlichkeiten kirchlicher Lehr- und Bekenntnisbildungen und den speziellen Gegebenheiten konfessionsgebundener theologischer Ausbildungseinrichtungen vertraut sind. Von theologisch-kirchlichen Diskursteilnehmerinnen und Diskursteilnehmern könnte nämlich gefordert werden, dass es Positionen und Grenzen des Diskurses gibt, die nicht mehr infrage gestellt werden sollten, nämlich jene Positionen und Grenzen, die im Zuge dogmengeschichtlicher Entwicklungen sowie den damit einhergehenden Ausbildungen des biblischen Kanons und konfessionsspezifischer Bekenntnisformeln konstruiert wurden. Meines Erachtens besteht eine zentrale Aufgabe wissenschaftlicher Theologie im Allgemeinen und historisch-kritischer Exegese im Speziellen jedoch darin, auch diese Vorentwicklungen stets von Neuem zu betrachten und zu hinterfragen. Eine solche Herangehensweise hat in mehrfacher Hinsicht Potenziale für Theologie und Kirche: Einerseits können jene Diskursteilnehmerinnen und Diskursteilnehmer, die sich selbst als konfessionsgebunden oder – positiv formuliert – einer Konfession verbunden betrachten, darlegen, inwiefern jene kirchlichen Lehrbildungen heute zu plausibilisieren sind. Andererseits kann jedoch auch gefragt werden, welche Plausibilitäten heute jenen Diskurspositionen innewohnen, die seinerzeit verdrängt oder sogar als Irrlehre verurteilt wurden. Derartige Reflexionsprozesse können somit sowohl zu ‚subjektiven Aneignungen' traditioneller Denkschemata, als auch zu deren Problematisierung und Modifikation führen[221]. Solche offe-

---

221 In dieser Hinsicht grenzt sich die beschriebene historisch-kritische und diskursanalytische Methodik von jenen wissenschaftstheoretischen und hochschulpolitischen Konfrontationen ab, die verschiedentlich aufgrund der speziellen Gegebenheiten konfessionsgebundener Fakultäten für Theologie entstanden sind und die zuweilen in einem hohen Maße polemisch geführt wurden (exemplarisch sei verwiesen auf die Thesen von G. Lüdemann, Auferstehung, passim und v.a. auf die sich daran entzündenden Kontroversen, in deren Verlauf nahezu alle Argumentationen rekapituliert wurden, die in der Geschichte einer historisch-kritischen Exegese der Auferstehungstraditionen debattiert wurden). Im Kontrast hierzu sollen religionshistorische Beschreibungen vor allem jener Perspektivenbefähigung und Pluralismuskompetenz dienen, durch welche die Leserinnen und Leser befähigt und ermutigt werden, für sich selbst zu entscheiden, welchen Grad an Plausibilität sie den unterschiedlichen Formen einer Verhältnisbestimmung von Platonismus und frühem Christentum zugestehen möchten.

nen Diskurse sollten insbesondere für jene Gestaltwerdungen von Theologie und Kirche von Bedeutung sein, welche aus reformatorischen Traditionen erwachsen sind – denn ohne eine Offenheit für Infragestellungen etablierter Formen christlicher Religiosität hätte es eine Reformation nicht gegeben. Wiederbelebungen platonisch-christlicher Diskurse im Sinne der beschriebenen historisch-kritischen und diskursanalytischen Methodik können somit als eine Variation des vielfach debattierten Leitgedankens ‚ecclesia semper reformanda est' verstanden werden, demzufolge Theologie und Kirche kontinuierlich zu reformieren sind[222].

Leit-These 1.13: Historisch-kritische Exegese ist ein Fundament einer ‚rationalen Religiosität'.

Subjektive Aneignungen sind umso bedeutender, wenn bedacht wird, wie sehr jene frühchristlichen und altkirchlichen Formierungsprozesse durch machtpolitische Interessen und innerkirchliche Spannungen geprägt waren. Diese aus heutiger Sicht zuweilen grotesk anmutenden Rahmenbedingungen waren seit der Aufklärung vielfach Gegenstand kontroverser Debatten[223]. Auch

---

222 Zu den Hintergründen und konträren Interpretationen dieses Leitgedankens vgl. T. Mahlmann, Aufarbeitung, 382-441; J. Lauster, Protest, 83-103; M. Abraham, Kirchengestalt, 511ff. etc.

223 Wie bereits viele Personen vor ihm hinterfragte zuletzt P. Jenkins, Jesus Wars, passim, der seiner Darstellung jener historischen Entwicklungen bezeichnenderweise den Titel ‚Jesus Wars' gab, warum christliche Theologie sich nur in jenen Bahnen bewegen sollte, die von wenigen Theologen und Machthabern bereits in der Antike und im frühen Mittelalter vorgegeben wurden. Zur geschichtlichen Entwicklung derartiger Infragestellungen vgl. u.a. R. Leonhardt, Bedeutung, 55ff., für den diesbezüglich insbesondere der sogenannte Apostolikumsstreit „ein historischer Kulminationspunkt" ist (op. cit., 76). Dabei verdient das Phänomen besondere Erwähnung, dass die seit dem Zeitalter der Aufklärung sich formierende Religionskritik oftmals mit Versuchen einherging, die nur fragmentarisch erhaltenen Traditionen zu den christentumskritischen Ausführungen von Platonikern wie Kelsos oder Porphyrios zu rekonstruieren (zu entsprechenden Ansätzen vgl. W. Schröder, Wiederkehr, passim). Speziell in Bezug auf christliche Agitationen gegen Kelsos, Porphyrius oder Hypatia sei zudem zurückverwiesen auf die bereits in Kapitel 2.2 erwähnten Gegebenheiten.

diesbezüglich eröffnet der methodische Ansatz, der mit den Bänden der Reihe ‚Platonisches Christentum' zur Diskussion gestellt
wird, eine weitere Zugangsperspektive. Letzterer zielt u.a. darauf ab, jene frühchristlichen Diskurse mit relevanten Fragestellungen heutiger Wissenschaftsdiskurse zu vermitteln (vgl. die
entsprechenden Erläuterungen in Kapitel 2.5). Diskursanalytisch
betrachtet wäre es inakzeptabel, dass mögliche Diskurspositionen
nicht reflektiert werden dürfen, weil sie im Zuge jener machtpoli-
tischen Agitationen und innerkirchlichen Spannungen verdrängt
bzw. verurteilt wurden oder weil sie noch nicht präsent waren.
Wenn in Folge ergebnisoffener Diskussionen Diskursteilnehmerinnen und Diskursteilnehmer jenen frühchristlichen und altkirchlichen Entscheidungen zustimmen können, so ist auch dies der
Ausdruck einer intellektuellen Selbstbestimmung und damit einer rationalen Religiosität. Und ein religiöses System, das seine
Mitglieder zu solchen Reflexionen ermutigt und befähigt, kann
für sich in Anspruch nehmen, eine „Religion für freie Geister"[224]
zu sein.

> *Leit-These 1.14:* Historisch-kritische und diskursanalytische Per-
> spektiven auf die Geschichte des frühen Christentums befähigen
> und ermutigen alle Diskursteilnehmerinnen und Diskursteilneh-
> mer dazu, für sich selbst zu entscheiden, wie sie religionshistori-
> sche Entwicklungen beurteilen und welche Diskurspositionen für
> sie plausibel sind.

Zusätzlich muss zwischen den Ebenen einer um wissenschaftliche
Neutralität bemühten Beschreibung historischer Entwicklungen
und einer konfessionsspezifischen kirchlichen Praxis unterschieden werden. Welche Auswirkungen etwaige Problematisierungen
und Modifikationen traditioneller Diskurspositionen für eine

---

224 So in Anlehnung an das Diktum von U. Barth, Gedanken, 396: „Protestantismus – das ist der Traum von einer Religion für freie Geister."

konfessionsspezifische kirchliche Praxis haben, kann im Kontext wissenschaftlicher Theologie lediglich vorbereitend reflektiert werden. In dieser Hinsicht werden im Rahmen der Buch-Reihe ‚Platonisches Christentum' auch verschiedene Formen zur Diskussion gestellt, die eine platonisch-christliche Religiosität prägen kann. Welche konkreten Konsequenzen dieselben jedoch nach sich ziehen, obliegt dem Bereich kirchenleitender Verantwortung[225].

Leit-These 1.15: Historisch-kritische und diskursanalytische Perspektiven auf die Geschichte des frühen Christentums eröffnen Zugänge zu neuen Formen einer platonisch-christlichen Religiosität.

---

225 In dieser Hinsicht stehen die skizzierten Revitalisierungen platonisch-christlicher Diskurse auch einem liberalen Verständnis protestantischer Theologie nahe, welches J. Lauster, Protest, 138 mit folgenden Worten umschreibt: „Protestantische Gesinnung engagiert sich mit Gewissenhaftigkeit und Sorgfalt für die Zukunft ihrer institutionellen Herkunft, sie ist darin jedoch frei von der kleingläubigen Sorge, dass alles bleiben muss, wie es ist."

5. Zusammenfassung der Leit-Thesen

> *Leit-These der Beiträge der Reihe ‚Platonisches Christentum'*: Wissenschaftliche Auseinandersetzungen mit dem Phänomen ‚Tod' im Generellen und mit sogenannten ‚Nahtoderfahrungen' im Speziellen eröffnen Zugänge zu neuen Formen platonisch-christlicher Religiosität.

Leit-These 1.1: Bis in die Gegenwart hinein wird diskutiert, ob es ein ‚Platonisches Christentum' überhaupt geben kann oder ob die mit den Begriffen ‚Platonismus' und ‚Christentum' bezeichneten Systeme in zentralen Aspekten nicht miteinander vereinbar sind.

Leit-These 1.2: Begriffe wie ‚Platonismus' und ‚Christentum' sind Kategorien wissenschaftlicher Beschreibungssprache, mit denen die historischen Phänomene oftmals nicht angemessen erfasst werden können.

Leit-These 1.3: Obwohl explizite Auseinandersetzungen mit platonischen Denkansätzen erst in christlichen Zeugnissen des zweiten Jahrhunderts dokumentiert sind, lassen sich implizite Bezugnahmen (Diskursfragmente) bereits auf frühesten Entwicklungsstufen christlicher Theologie beobachten.

Leit-These 1.4: Im Rahmen eines ‚platonischen Christentums' werden auch jene Diskurse weiter entfaltet, die sich zwischen platonischen und aristotelischen Systemen entwickelt haben (insbesondere in Bezug auf das sogenannte ‚Leib-Seele-Problem').

Leit-These 1.5: Im Kontrast zu platonischen und biblischen Systemen verstehen gnostische Systeme die vorfindliche Welt als die prinzipiell negative Schöpfung einer defizitären Gottesgestalt.

Leit-These 1.6: Im Rahmen eines ‚Platonischen Christentums' werden auch jene Diskurse fortgeführt, welche die Geschichte des frühen Christentums prägten und im Zuge der Formierung des biblischen Kanons und der Bekenntnis- bzw. Dogmenbildungen verdrängt wurden.

Leit-These 1.7: ‚Platonisches Christentum im engeren Sinne' entfaltet eine neue Interpretation der Seelenwanderungslehre Platons, die Seelenwanderung als Seelenwachstum versteht.

Leit-These 1.8: Historisch-kritische und diskursanalytische Perspektiven auf die Geschichte des frühen Christentums unterscheiden nicht zwischen ‚heiligen' und ‚nicht-heiligen' Schriften, sondern beschreiben die Strategien, mit denen die ‚Heiligkeit' einer Schrift konstruiert wird.

Leit-These 1.9: Historisch-kritische und diskursanalytische Perspektiven auf die Geschichte des frühen Christentums revitalisieren die Diskurse, die sich zwischen kanonischen und außerkanonischen Zeugnissen des frühen Christentums beobachten lassen (insbesondere zwischen dem Johannesevangelium und dem Thomasevangelium und denen mit ihnen in Beziehung stehenden Diskurspositionen).

Leit-These 1.10: Auseinandersetzungen mit den apokryphen Zeugnissen des frühen Christentums haben nicht nur eine Relevanz für religionsgeschichtliche Rekonstruktionen (bzw. Konstruktionen), sondern auch für Theologie und Kirche.

Leit-These 1.11: Während ‚Religion' ein generelles Phänomen menschlicher Kultur ist, sind ‚religiöse Systeme' kulturell und geschichtlich bedingte Konstruktionen, deren Modifikationen ihrerseits kulturelle und geschichtliche Wandlungen widerspiegeln.

Leit-These 1.12: ‚Rationale Religiosität' ist ein Ausdruck intellektueller Selbstbestimmung.

Leit-These 1.13: Historisch-kritische Exegese ist ein Fundament einer ‚rationalen Religiosität'.

Leit-These 1.14: Historisch-kritische und diskursanalytische Perspektiven auf die Geschichte des frühen Christentums befähigen und ermutigen alle Diskursteilnehmerinnen und Diskursteilnehmer dazu, für sich selbst zu entscheiden, wie sie religionshistorische Entwicklungen beurteilen und welche Diskurspositionen für sie plausibel sind.

Leit-These 1.15: Historisch-kritische und diskursanalytische Perspektiven auf die Geschichte des frühen Christentums eröffnen Zugänge zu neuen Formen einer platonisch-christlichen Religiosität.

6. Abkürzungsverzeichnis

Die Abkürzungen für Buchreihen, Zeitschriften etc. orientieren sich an S. M. Schwertner, Internationales Abkürzungsverzeichnis für Theologie und Grenzgebiete, 3., überarbeitete und erweiterte Aufl., Berlin/New York 2014 (allerdings wird in der Zitation biblischer Bücher statt I Joh stets 1 Joh etc. gewählt). Die Abkürzungen zum Corpus Platonicum folgen der Aufstellung von C. Horn/J. Müller/J. Söder (Hg.), Platon-Handbuch. Leben – Werk – Wirkung, Stuttgart 2009, 523f. Die Abkürzungen der sonstigen griechischen und lateinischen Autoren folgen G. W. H. Lampe, A Patristic Greek Lexicon, Oxford 1987; H. G. Liddell/R. Scott, A Greek-English Lexicon. New ed. by H. S. Jones, Oxford 1940, Repr. 1961; P. G. W. Glare, Oxford Latin Dictionary, Oxford 1982. Die Abkürzungen der Nag-Hammadi-Schriften folgen der Aufstellung von H.-M. Schenke, Nag Hammadi Deutsch (hrsg. durch die Berlin-Brandenburgische Akademie der Wissenschaften, eingeleitet und übersetzt von Mitgliedern des Berliner Arbeitskreises für Koptisch-Gnostische Schriften; hrsg. von H.-M. Schenke/H.-G. Bethge/U. U. Kaiser) Koptische-gnostische Schriften 2: NHC I,1-V,1 (GCS N. F. 8) Berlin/New York 2001, XIX-XXI. Im Literaturverzeichnis sind die Kurztitel durch Kursivierung gekennzeichnet.

7. Literaturverzeichnis

Abraham, M., Evangelium und Kirchengestalt. Reformatorisches Kirchenverständnis heute (TBT 140), Berlin 2007.

Adam, J., Paulus und die Versöhnung aller: eine Studie zum paulinischen Heilsuniversalismus, Neukirchen-Vluyn 2009.

Aland, B., Was ist Gnosis? Wie wurde sie überwunden? Versuch einer *Kurzdefinition*, in: Dies., Was ist Gnosis? Studien zum frühen Christentum, zu Marcion und zur kaiserzeitlichen Philosophie (WUNT 239), Tübingen 2009.

Aland, B., *Art. Marcion/Marcioniten*, in: TRE 22 (1992), 89-101.

Aland, B., Gnosis und *Christentum*, in: B. Layton (Hg.), The Rediscovery of Gnosticism. Volume One. The School of Valentinus 1 (StHR 41), Leiden 1980, 319-350.

Aland, B., Die frühe *Gnosis* zwischen platonischem und christlichem Glauben. Kosmosfrömmigkeit versus Erlösungstheologie, in: D. Wyrwa (Hg.), Die Weltlichkeit des Glaubens in der Alten Kirche, FS U. Wickert (BZNW 85), Berlin 1997, 1-24.

Aland, B., Gnosis und Christentum. Die Geschichte einer *Konkurrenz?*, in: K. Löning/M. Fassnacht (Hg.), Rettendes Wissen. Studien zum Fortgang weisheitlichen Denkens im Frühjudentum und im frühen Christentum (AOAT 300), Münster 2002, 345-361.

Aland, B., Gnostischer *Polytheismus* oder gnostischer Monotheismus? Zum Problem von polytheistischen Ausdrucksformen in der Gnosis, in: M. Krebernik/J. van Oorschot (Hg.), Polytheismus und Monotheismus in den Religionen des Vorderen Orients. (AOAT 298), Münster 2002, 195-208.

Aland, B., Was heißt „*Kanonisierung* des Neuen Testaments?", in: E.-M. Becker/S. Scholz (Hg.), Kanon in Konstruktion und Dekonstruktion: Kanonisierungsprozesse religiöser Texte von der Antike bis zur Gegenwart: ein Handbuch, Berlin/Boston 2012, 519-546.

Albrecht, C., Praktische Theologie: Schriftauslegung als Vollzug protestantischer Frömmigkeitspraxis, in: F. Nüssel (Hg.), Schriftauslegung (Themen der Theologie 8 – UTB 3991), Tübingen 2014, 207-238.

Allen, M. J. B./J. Hankins (Hg.), Marsilio Ficino: Platonic Theology (Theologia platonica de immortalitate animorum), transl. by M. J. B. Allen; Latin text ed. by J. Hankins, Cambridge/MA. u.a. 2001.

Alt, K., Diesseits und Jenseits in Platons Mythen von der Seele, Teil 1, in: Hermes 110 (1982), 278-299.

Alt, K., Diesseits und Jenseits in Platons Mythen von der Seele, Teil 2, in: Hermes 111 (1983), 15-33.

Alt, K., Philosophie gegen Gnosis: Plotins *Polemik* in seiner Schrift II 9 (AAWLM.G 1990; Nr. 7), Stuttgart 1990.

Andresen, C., Logos und Nomos: die Polemik des Kelsos wider das Christentum (AKG 30), Berlin 1955.

Arndt, A., Friedrich Schleiermacher als Philosoph, Berlin/Boston 2013.

Asmuth, C., Interpretation – Transformation. Das Platonbild bei Fichte, Schelling, Hegel, Schleiermacher und Schopenhauer und das Legitimationsproblem der Philosophiegeschichte, Göttingen 2006.

Babelotzky, G., Platonische Bilder und Gedankengänge in Calvins Lehre vom Menschen (VIEG 83), Wiesbaden 1977.

Back, F., Wiedergeburt in der religiösen Welt der hellenistisch-römischen Zeit, in: R. Feldmeier (Hg.), Wiedergeburt (BTSP 25), Göttingen 2005, 5-73.

Bäbler, B./H.-G. Nesselrath (Hg.), Origenes der Christ und Origenes der Platoniker (Studies in Education and Religion in Ancient and Pre-Modern History in the Mediterranean and Its Environs 2), Tübingen 2018.

Baltes, M., Plato's School, the Academy, in: Ders., Dianoemata. Kleine Schriften zu Platon und zum Platonismus, Stuttgart/Leipzig 1999, 249-273.

Barth, U./C. Danz/W. Gräb/F. W. Graf (Hg.), Aufgeklärte Religion und ihre Probleme: Schleiermacher – Troeltsch – Tillich, Berlin/Boston 2013.

Barth, U., Gedanken zur Zukunft des Protestantismus, in: Ders., Aufgeklärter Protestantismus, Tübingen 2004, 389-396.

Bauer, G., Evangelikale Bewegung und evangelische Kirche in der Bundesrepublik Deutschland; Geschichte eines Grundkonflikts 1945 – 1989 (AKZG 53), Göttingen 2012.

Baum, A. D., Die Authentizität der synoptischen Worte Jesu, in: H.-W. Neudorfer/E. J. Schnabel (Hg.), Das Studium des Neuen Testaments: Einführung in die Methoden der Exegese, Wuppertal/Gießen 2006.

Becker, E.-M., Die Person des Paulus, in: O. Wischmeyer (Hg.), Paulus: Leben – Umwelt – Werk – Briefe (UTB 2767), 2. überarb. und erw. Aufl., Tübingen 2012, 129-141.

Becker, E.-M., Literarisierung und Kanonisierung im frühen Christentum. Einführende Überlegungen zur Entstehung und Bedeutung des neutestamentlichen Kanons, in: E.-M. Becker/S. Scholz (Hg.), Kanon in Konstruktion und Dekonstruktion: Kanonisierungsprozesse religiöser Texte von der Antike bis zur Gegenwart:

ein Handbuch, Berlin/Boston 2012, 389-399.

Becker, M., Porphyrios, Contra Christianos: neue Sammlung der Fragmente, Testimonien und Dubia mit Einleitung, Übersetzung und Anmerkungen (TK 52), Berlin/Boston 2016.

Beierwaltes, W., *Platonismus* im Christentum (Philosophische Abhandlungen 37), Frankfurt a. M. 1998.

Beierwaltes, W., Platonismus und *Idealismus*, 2. durchgesehene und erweiterte Auflage (Philosophische Abhandlungen 40), Frankfurt a. M. 2004.

van Belzen, J. A., Religionspsychologie. Eine historische Analyse im Spiegel der Internationalen Gesellschaft, Heidelberg 2015.

Beutel, A., Die Formierung neuzeitlicher Schriftauslegung und ihre Bedeutung für die Kirchengeschichte, in: F. Nüssel (Hg.), Schriftauslegung (Themen der Theologie 8 – UTB 3991), Tübingen 2014, 141-178.

Bischofberger, N., Werden wir wiederkommen? Der Reinkarnationsgedanke im Westen und die Sicht der christlichen Eschatologie, Kampen/Mainz 1996.

Bordt, M., Platons Theologie (Symposion 126), Freiburg i. B. 2006.

Brashler, J., Plato, Republic 588 B – 589 B, in: D. M. Parrott (Hg.), Nag Hammadi Codices V,2-5 and VI with Papyrus Berolinensis 8502,1 and 4 (NHS 11), Leiden 1979, 325-339.

Bremmer, J., The Early Greek Concept of Soul, Princeton 1983.

van den Broek, R., The creation of Adams' physic body in the Apocryphon of John, in: Ders., Studies in Gnosticism and Alexandrien Christianity (NHMS 39), Leiden/New York/Köln 1996, 67-85.

Brown, P. J., Bodily Resurrection and ethics in 1 Cor 15: connecting faith and morality in the context of Greco-Roman mythology (WUNT II 360), Tübingen 2014.

Brox, N., Die frühchristliche Debatte um die Seelenwanderung, in: Conc(D) 29 (1993), 427-430.

van Brück, M., Ewiges Leben oder Wiedergeburt? Sterben, Tod und Jenseitshoffnung in europäischen und asiatischen Kulturen, Freiburg i. B. 2007.

Brugger, W., Art. Seelenwanderung, in: LThK² 9, 576-578.

Bultmann, C., Bibelrezeption in der Aufklärung, Tübingen 2012.

Burkert, W., Art. Seelenwanderung, in: HWP 9 (1995), 118.

Casidy, A. M., Evagrius Ponticus (The Early Church Fathers), London/New York 2006.

Cassirer, E., Die platonische Renaissance in England und die Schule von Cambridge (Studien der Bibliothek Warburg 24), Leipzig u.a. 1932.

Cavallin, H., Leben nach dem Tode im Spätjudentum und im frühen Christentum. I. Spätjudentum, in: W. Haase (Hg.), Aufstieg und Niedergang der römischen Welt (Band II.19.1), Berlin 1979, 240-345.

Chadwick, H., Origen, Celsus and the Stoa, in: JThS 48 (1947), 34-39.

Clark, S. R. L., The Classical Origins of Natural Theology, in: R. Re Manning u.a. (Hg.), Natural Theology (The Oxford Handbook of Natural Theology), Oxford 2013, 9-22.

Claus, D. B., Toward the Soul. An Inquiry in the Meaning of ψυχή before Plato, New Haven 1981.

Corcilius, K., Aristoteles: Über die Seele/De Anima (übersetzt, mit einer Einleitung und Anmerkungen herausgegeben von Klaus Corcilius), Hamburg 2017.

Crouzel, H., *L'anthropologie* d'Origène: de l'arche au telos, in: Ders./T. Bianchi (Hg.), Arché e Telos: L'anthropologia di Origini e di Gregorio di Nissa: analisi storico-religiosa (SPMed 12), Mailand 1981, 36-57.

Crouzel, H., Théologie de l'image de Dieu chez *Origène*, Paris 1956.

Cürsgen, D., Die Rationalität des Mystischen: der philosophische Mythos bei Platon und seine Exegese im Neuplatonismus (Quellen und Studien zur Philosophie 55), Berlin/New York 2002.

Dalferth, I. U./P. Stoellger, Krisen der Subjektivität: Problemfelder eines strittigen Paradigmas (RPT 18), Tübingen 2005.

Danz, C./M. Murrmann-Kahl, Zwischen historischem Jesus und dogmatischem Christus (Dogmatik in der Moderne 1), Tübingen 2010.

DeConick, A. D. (Hg.), Paradise Now: Essays on Early Jewish and Christian Mysticism (SBLSymS 11), Brill 2006.

Demandt, A., Geschichte der *Spätantike*: das Römische Reich von Diocletian bis Justinian 284 – 565 n. Chr. (Beck's historische Bibliothek), München 1998.

Dethlefsen, T., Das Leben nach dem Leben: Gespräche mit Wiedergeborenen, München 1984.

Dierken, J./M. D. Krüger (Hg.), Leibbezogene Seele?: Interdisziplinäre Erkundungen eines kaum noch fassbaren Begriffs (Dogmatik in der Moderne 10), Tübingen 2015.

Dihle, A., Art. ψυχή, A.: ψυχή im Griechischen, in: ThWNT 9 (1973), 604-614.

Dillon, J. M., The Heirs of Plato: a Study of the Old Academy, Oxford 2005.

Dörrie, H., Die geschichtlichen Wurzeln des *Platonismus* (Band 1), in: Ders./M. Baltes (Hg.), Der Platonismus in der Antike, Bände 1-6, Stuttgart/Bad Cannstatt 1987.

Dörrie, H., Was ist „Spätantiker Platonismus"? Überlegungen zur *Grenzziehung* zwischen Platonismus und Christentum, in: H. Dörrie, Platonica Minora (STA 8), München 1976, 508-523.

Downing, V. K., The Doctrine of Regeneration in the Second Century A. D. (ETS 4127), Portland 2005.

Drecoll, V. H., Lateinischer *Mittelplatonismus*, in: Ders. (Hg.), Augustin Handbuch, Tübingen 2014, 66-71.

Drecoll, V. H., *Neuplatonismus*, in: Ders. (Hg.), Augustin Handbuch, Tübingen 2014, 72-84.

Dzielska, M., Hypatia of Alexandria; translated by F. Lyra (Revealing antiquity 8), London/Cambridge 1995, 66-100.

Eigler, G. (Hg.), Plato: Werke in 8 Bänden; Übersetzung von F. D. E. Schleiermacher; bearbeitet von D. Kurz/L. Robin/L. Méridier (Sonderausgabe Wissenschaftliche Buchgesellschaft; 3. unveränderte Auflage), Darmstadt 1990.

Eisele, W., „Als wären sie von der Metzgerzunft" [A. Stadler]. Vom theologischen Nutzen der historischen Kritik, in: ThQ 192 (2012), 233-255.

Evans, J. A. S., The Age of Justinian. The Cirumstances of Imperial Power, London/New York 1996.

Feil, E., Religio. Band 1: Die Geschichte eines neuzeitlichen Grundbegriffs vom Frühjudentum bis zur Reformation (FKDG 36), Göttingen 1986; Band 2: Die Geschichte eines neuzeitlichen Grundbegriffs zwischen Reformation und Rationalismus (FKDG 70), Göttingen 1997; Band 3: Die Geschichte eines neuzeitlichen Grundbegriffs im 17. und frühen 18. Jahrhundert (FKDG 79), Göttingen 2007; Band 4: Die Geschichte eines neuzeitlichen Grundbegriffs im 18. und frühen 19. Jahrhundert (FKDG 91), Göttingen 2012.

Feldmeier, R., Von der Wägung des Herzens bis zum Jüngsten Gericht. Die Übernahme des Mythos vom Totengericht in die jüdisch-christliche Eschatologie, in: K. Luchner u.a. (Hg.), Syneisos von Kyrene: Polis – Freundschaft – Jenseitsstrafe. Briefe an und über Johannes (SAPERE 17), Tübingen 2010, 167-187.

Feldmeier, R., Wiedergeburt im 1. Petrusbrief, in: R. Feldmeier (Hg.), Wiedergeburt (BTSP 25), Göttingen 2005, 75-99.

Feldtkeller, A., Umstrittene *Religionswissenschaft*: für eine Neuvermessung ihrer Beziehung zur Säkularisierungstheorie (ThLZ.F 31), Leipzig 2014.

Feldtkeller, A., Religionswissenschaftliche Perspektiven zur *Trinitätslehre*, in: V. H. Drecoll (Hg.), Trinität (Themen der Theologie 2), Tübingen 2011, 221-243.

Ferrari, F., Der Begriff ‚Mittelplatonismus' und die Forschungsgeschichte, in: C. Riedweg/C. Horn/D. Wyrwa (Hg.), Die Philosophie der Kaiserzeit und der Spätantike (Grundriss der Philosophie; Die Philosophie der Antike 5/1-3), Basel 2018, 547-554.

Fick, M., Lessing-Handbuch. Leben – Werk – Wirkung, dritte, neu bearbeitete Auflage, Stuttgart/Weimar 2010.

Figl, J./H.-D. Klein (Hg.), Der Begriff der Seele in der Religionswissenschaft, Würzburg 2005.

Filoramo, G. A., History of Gnosticism (translated by A. Alock), Cambridge 1994.

Fischer, A. A., Tod und Jenseits im Alten Orient und im Alten Testament, Neukirchen-Vluyn 2005.

Fischer, H., Friedrich Daniel Ernst Schleiermacher (Beck'sche Reihe; 563: Denker), München 2001.

Fischer, I. (Hg.), Der Streit um die Schrift (JBTh 31), Göttingen 2018.

Fleck, C., Katechese in Geschichte und Gegenwart, in: A. Kaupp/S. Leimgruber/M. Scheidler (Hg.), Handbuch der Katechese für Studium und Praxis (GrTh), Freiburg i. B. 2011, 21-38.

Frede, D., Platon, in: C. Rapp/K. Corcilius (Hg.), Aristoteles Handbuch: Leben – Werk – Wirkung, Stuttgart 2011, 16-33.

Frey, J., Eine persönliche *Zwischenbilanz*: Mein Weg vom Lesen des Neuen Testament zur Neutestamentlichen Wissenschaft, in: B. Schliesser (Hg.), Jörg Frey: Von Jesus zur neutestamentlichen Theologie: Kleine Schriften II (WUNT 368), Tübingen 2016.

Frey, J., Die johanneische *Eschatologie*, Bd. III: Die eschatologische Verkündigung in den johanneischen Texten (WUNT 117), Tübingen 2000.

Frey, J., New Testament *Eschatology* – an introduction, in: J. van der Watt (Hg.), Eschatology of the New Testament and some related documents (WUNT II 315), Tübingen 2011.

Frey, J., Das *Judentum* des Paulus, in: O. Wischmeyer (Hg.), Paulus: Leben – Umwelt – Werk – Briefe (UTB 2767), 2. überarb. und erw. Aufl., Tübingen 2012, 25-65.

Frey, J./A. Käfer, Chancen und Schwierigkeiten des Dialogs zwischen Exegese und Systematischer Theologie, in: J. Herzer/A.

Käfer/J. Frey (Hg.), Die Rede von Jesus Christus als Glaubensaussage: der zweite Artikel des Apostolischen Glaubensbekenntnisses im Gespräch zwischen Bibelwissenschaft und Dogmatik (UTB 4903), Tübingen 2018, 517-530.

Frohnhofen, H., Reinkarnation und frühe Kirche, in: StZ 207 (1989), 236-244.

Fürst, A., Lasst uns erwachsen werden! Ethische Aspekte der Eschatologie des Origenes, in: Ders., Von Origenes und Hieronymus zu Augustinus: Studien zur antiken Theologiegeschichte (AKG 115), Berlin/Boston 2011, 163-184.

Fürst, A., Art. Origenes, in: RAC 26 (2014), 460-567.

Fürst, A./C. Hengstermann, Origenes: Die Homilien zum Buch Jesaja (Orig.WD 10), Berlin 2009.

Geertz, C., Religion als kulturelles System, in: C. Geertz, Dichte Beschreibung. Beiträge zum Verstehen kultureller Systeme, Frankfurt a. M. 1983, 44-95.

Gemeinhardt, P., Das lateinische Christentum und die antike pagane *Bildung* (STAC 41), Tübingen 2007.

Gemeinhardt, P., *Origenes* simplex vel duplex? Das Origenes-Problem aus der Sicht eines Kirchengeschichtlers, in: B. Bäbler/H.-G. Nesselrath (Hg.), Origenes der Christ und Origenes der Platoniker (Studies in Education and Religion in Ancient and Pre-Modern History in the Mediterranean and Its Environs 2), Tübingen 2018, 41-60.

Gerson, L., P. God and Greek Philosophy. Studies in the Early History of Natural Theology, London/New York 1990.

Gestrich, C., Die Seele des Menschen und die Hoffnung der Christen: evangelische Eschatologie vor der Erneuerung, Frankfurt a. M. 2009.

Gladigow, B., Art. Postmortale Existenz, in: HRWG IV (1988), 330-335.

Görgemanns, H./H. Karpp (Hg.), *Origenes*: vier Bücher von den Prinzipien (übers., mit krit. und erl. Anm. vers. von Herwig Görgemanns und Heinrich Karpp), TzF 24, Darmstadt 1976.

Gombocz, W. L., Die Philosophie der ausgehenden Antike und des frühen Mittelalters (Geschichte der Philosophie 4), München 1997.

Greschat, K./M. Tilly (Hg.), Justinus: Dialog mit dem Juden Tryphon (übersetzt von Philipp Haeuser; neu herausgegeben von Katharina Greschat und Michael Tilly), Wiesbaden 2005.

Gripentrog, S., Anormalität und Religion: Anormalitätsdiskurse zur Entstehung der Psychologie im Kontext der europäischen Religionsgeschichte des 19. und frühen 20. Jahrhunderts, Würzburg 2016.

Gross, W., Gen 1,26.27; 9,6: Statue oder Ebenbild Gottes? Aufgabe und Würde des Menschen nach dem hebräischen und dem griechischen Wortlaut, in: JBTh 15 (2000), 11-38.

Grünschloß, A., Diskurse um Wiedergeburt zwischen Reinkarnation, Transmigration und Transformation der Person. Versuch einer systematisch-religionswissenschaftlichen Orientierung, in: R. Feldmeier (Hg.), Wiedergeburt (BTSP 25), Göttingen 2005, 11-44.

Grypeou, E., Das vollkommene Pascha: gnostische Bibelexegese und Ethik (OBC 15), Wiesbaden 2005.

Haardt, K., Sacramenta Mundi. Theologisches Lexikon für die Praxis (3 Bd.), Freiburg i. B. 1969.

Habermehl, P., Origenes: Die Homilien zum Buch Genesis; eingeleitet und übersetzt von Peter Habermehl (Orig.WD 1/?), Freiburg/Basel/Wien 2011.

Hafner, J. E., Selbstdefinition des Christentums: ein systemtheoretischer Zugang zur frühchristlichen Gnosis, Freiburg i. B. u.a. 2003.

Halfwassen, J., *Hegel* und der spätantike Neuplatonismus: Untersuchungen zur Metaphysik des Einen und des Nous in Hegels spekulativer und geschichtlicher Deutung (Hegel-Studien/Beiheft 40), Bonn 1999.

Halfwassen, J., *Plotin* und der Neuplatonismus (Beck'sche Reihe Denker 570), München 2004.

Halfwassen, J., Der *Aufstieg* zum Einen. Untersuchungen zu Platon und Plotin (BzA 9), Stuttgart 1992.

Hanegraaff, W. J. u.a. (Hg.), Dictionary of Gnosis & Western Esotericism, Leiden u.a. 2006.

Hanegraaff, W. J., Esotericism, in: Ders. u.a. (Hg.), Dictionary of Gnosis & Western Esotericism, Leiden u.a. 2006, 336-340.

von Harnack, A., Lehrbuch der *Dogmengeschichte*. Band 1: Die Entstehung des kirchlichen Dogmas (mit einem Vorwort von Christoph Markschies), Darmstadt 2015.

von Harnack, A., Die *Mission* und Ausbreitung des Christentums in den ersten drei Jahrhunderten, Leipzig 1924[4].

Hasenfratz, H.-P., Art. *Seelenwanderung* I: Religionsgeschichte, in: TRE 31 (2000), 1-4.

Hasenfratz, H.-P., Die *Seele*: Einführung in ein religiöses Grundphänomen, Zürich 1986.

Hasse-Ungeheuer, A., Das Mönchtum in der Religionspolitik Kaiser Iustinians I. Die Engel des Himmels und der Stellvertreter Gottes auf Erden (Millenium-Studien zu Kultur und Geschichte des ersten Jahrtausends n. Chr.), Berlin/Boston 2016.

Hausamman, S., Von Gott reden, heißt: in Bildern reden. Mythologie und begriffliche Spekulationen im frühchristlichen und byzantinischen Weltbild und die Botschaft des Fünften Ökumenischen Konzils von 553, Göttingen 2007.

Hauschild, W.-D., Lehrbuch der Kirchen- und Dogmengeschichte: Bd. 1: Alte Kirche und Mittelalter (2., durchgeseh. und erw. Aufl.), Gütersloh 2000.

Heid, S./C. Riedweg, Art. Iustin Martyr, in: RAC 19 (2001), 801-873.

Heimann, P., Erwähltes Schicksal: Präexistenz der Seele und christlicher Glaube (TBF 5), Tübingen 1988.

Hengel, M., Die johanneische *Frage*. Ein Lösungsversuch. Mit einem Beitrag zur Apokalypse von Jörg Frey (WUNT 67), Tübingen 1993.

Henrich, D., Konstellationen: Probleme und Debatten am Ursprung der idealistischen Philosophie (1789-1795), Stuttgart 1991.

Herzer, J./A. Käfer/J. Frey (Hg.), Die Rede von Jesus Christus als Glaubensaussage: der zweite Artikel des Apostolischen Glaubensbekenntnisses im Gespräch zwischen Bibelwissenschaft und Dogmatik (UTB 4903), Tübingen 2018.

Hick, J., Religion. Die menschlichen Antworten auf die Frage nach Leben und Tod (bearbeitet und mit einem Vorwort versehen von Armin Kreiner), München 1996.

Höffe, O., Einführung in Kants Religionsschrift, in: Ders. (Hg.), Immanuel Kant: Die Religion innerhalb der Grenzen der bloßen Vernunft (Klassiker auslegen 41), Berlin 2011, 1-28.

Höffe, O., Immanuel Kant, 6., überarb. Auflage (Beck'sche Reihe Denker 506), München 2004.

Hoheisel, K., Das frühe Christentum und die Seelenwanderung, in: JAC 27/28 (1984/85), 25-46.

Holzhausen, J., Gnostizismus, Gnosis, Gnostiker. Ein Beitrag zur antiken Terminologie, in: JbAC 44 (2001), 58-74.

Hornig, G., Johann Salomo Semler: Studien zu Leben und Werk des Hallenser Aufklärungstheologen (Hallesche Beiträge zur europäischen Aufklärung 2), Tübingen 1996.

von Ivanka, E., Plato Christianus: Übernahme und Umgestaltung des Platonismus durch die Väter, Einsiedeln 1990².

Jäger, S., Kritische Diskursanalyse: eine Einführung, Münster 2015².

Jäger, S./J. Zimmermann, Lexikon kritische Diskursanalyse: eine Werkzeugkiste (Duisburger Institut für Sprach- und Sozialforschung 26), Münster 2010.

Janka, M./C. Schäfer (Hg.), Platon als Mythologe. Interpretation zu den Mythen Platons, Darmstadt 2014².

Janowski, B., *Anthropologie* des Alten Testaments: Grundfragen – Kontexte – Themenfelder, Tübingen 2019.

Janowski, B., *Konfliktgespräche* mit Gott: eine Anthropologie der Psalmen, Neukirchen-Vluyn 2003, 204-214.

Janowski, B., Die lebendige *næpæš*: das Alte Testament und die Frage nach der „*Seele*", in: Ders./C. Schwöbel (Hg.), Gott – Seele – Welt: interdisziplinäre Beiträge zur Rede von der Seele (ThID 14), Neukirchen-Vluyn 2013, 12-43.

Janowski, J. C., Allerlösung: Annäherungen an eine entdualisierte Eschatologie I/II (NBST 23), Neukirchen-Vluyn 2000.

Jenkins, P., Jesus Wars: how four patriarchs, three queens, and two emperor decided what Christians would believe for the next 1500 years, New York 2010.

Jüngel, E., Tod (GTBS 1295), Gütersloh 1993[5].

Jüttemann, G./M. Sonntag/C. Wulf (Hg.), Die Seele. Ihre Geschichte in Europa, Göttingen 2005.

Käppel, L., Schleiermachers Platon-Übersetzung, in: M. Ohst (Hg.), Schleiermacher Handbuch, Tübingen 2017, 157-165.

Kaiser, U. U., Die Rede von „Wiedergeburt" im Neuen Testament: ein metapherntheoretischer Neuansatz nach 100 Jahren Forschungsgeschichte (WUNT 413), Tübingen 2018.

Kant, I., Was ist Aufklärung: ausgewählte kleine Schriften; mit einem Text zur Einführung von C. Cassirer; hrsg. von H. D. Brandt (PhB 512), Hamburg 1999.

Karamanolis, G., Plato and Aristotle in Agreement? Platonists on Aristotle from Antiochus to Porphyry (Oxford Philosophical Monographs), Oxford 2006.

Keller, C. A., Art. Reincarnation I: Antiquity, in: W. J. Hanegraaff u.a. (Hg.), Dictionary of Gnosis & Western Esotericism, Leiden u.a. 2006, 980-984.

Keller, R., Wissenssoziologische Diskursanalyse und Systemtheorie, in: R. John/A. Henkel/J. Rückert-John (Hg.), Die Methodologien des Systems: wie kommt man zum Fall und wie dahinter, Wiesbaden 2010, 241-272.

Keller, R./A. Hirseland/W. Schneider/W. Viehöver (Hg.), Die vielgestaltige Praxis der Diskursforschung – eine Einführung, in: Dies., Handbuch Sozialwissenschaftliche Diskursanalyse. Band 2: Forschungspraxis (Interdisziplinäre Diskursforschung), Wiesbaden 2010[4], 7-20.

Kettler, F.-H., Die Ewigkeit der geistigen Schöpfung nach Origenes, in: M. Greschat/J. F. G. Goeters (Hg.), Reformation und Humanismus (FS R. Stupperich), Witten 1969, 272-297.

Klein, D., Hermann Samuel Reimarus (1694 – 1768): das theologische Werk, Tübingen 2009.

Kiel, N., Ps-Athenagoras „De Resurrectione": Datierung und Kontextualisierung der dem Apologeten Athenagoras zugeschriebenen Auferstehungsschrift (SVigChr 113), Leiden u.a. 2016.

King, K. L., What is Gnosticism, Cambridge/MA. 2005.

Kippenberg, H. G. /K. von Stuckrad, Einführung in die Religionswissenschaft: Gegenstände und Begriffe, München 2003.

Kirscher, T., Das Denkvermögen und die Hand im Kontext der griechischen Kulturgeschichte, in: J. Holzhausen (Hg.), ψυχή – Seele – anima (FS K. Alt), Stuttgart/Leipzig 1998, 113-120.

Klauck, H.-J., Die religiöse Umwelt des Urchristentums I/II (KStTh 9), Stuttgart/Berlin/New York 1995 bzw. 1996.

Klein, H.-D. (Hg.), Der Begriff der Seele in der Philosophiegeschichte, Würzburg 2005.

Klemme, H. F. (Hg.), Kant und die Zukunft der europäischen Aufklärung, Berlin 2009.

Knoblauch, Populäre Religion. Auf dem Weg in eine spirituelle Gesellschaft, Frankfurt a. M. 2009.

Kobusch, T., Produktive Rezeption. Zum Platonismus des ‚christlichen Philosophen' Origenes, in: B. Bäbler/H.-G. Nesselrath (Hg.), Origenes der Christ und Origenes der Platoniker (Studies in Education and Religion in Ancient and Pre-Modern History in the Mediterranean and Its Environs 2), Tübingen 2018, 61-89.

Köster, H., GNOMAI DIAPHOROI: Ursprung und Wesen der Man-
nigfaltigkeit im frühen Christentum, in: Ders./J. M. Robinson,
Entwicklungslinien durch die Welt des frühen Christentums, Tübingen 1971, 107-146.

Koschorke, K., Die Polemik der Gnostiker gegen das kirchliche
Christentum: unter besonderer Berücksichtigung der Nag-Ham-
madi-Traktate „Apokalypse des Petrus" (NHC VII,3) und „Testimo-
nium Veritatis" (NHC IX,3), NHS XII, Leiden 1978.

Krech, V., Georg Simmels Religionstheorie (RuA 4), Tübingen 1998.

Krech, V., Exklusivität, Bricolage, Dialogbereitschaft: wie die
Deutschen mit religiöser Vielfalt umgehen, in: Religionsmonitor
(hrsg. von der Bertelsmann-Stiftung), Gütersloh 2008, 33-43.

Lamm, J. A., Schleiermacher as Plato Scholar, in: JR 80 (2000),
206-239.

Landwehr, A., Historische Diskursanalyse, Frankfurt a. M. 2008.

Laube, M., Die Unterscheidung von öffentlicher und privater Religion bei Johann Salomo Semler. Zur neuzeittheoretischen Relevanz einer christentumstheoretischen Reflexionsfigur, in: ZNThG
11 (2004), 1-23.

Lauster, J., *Prinzip* und Methode: die Transformation des protestantischen Schriftprinzips durch die historische Kritik von Schleiermacher bis zur Gegenwart (HUT 46), Tübingen 2004.

Lauster, J., Die *Verzauberung* der Welt: eine Kulturgeschichte des
Christentums, München 2018[5].

Lauster, J., Die *Erlösungslehre* Marsilio Ficinos: Theologiegeschichtliche Aspekte des Renaissanceplatonismus (AKG 69), Ber-
lin/New York 1998.

Lauster, J., Der ewige *Protest* – Reformation als Prinzip, München 2017[2].

Layton, B., The Gnostic Scriptures. A New Translation with Annotations and Introductions, London 1987.

Lehmann, K., Der hermeneutische Horizont der historisch-kritischen Exegese, in: J. Schreiner (Hg.), Einführung in die Methoden der biblischen Exegese, Würzburg 1971, 40-80.

Lehmann, K./R. Rathenbusch (Hg.), Gottes Wort in Menschenwort: die eine Bibel als Fundament der Theologie (QD 266), Freiburg i. B./Basel/Wien 2014.

Leinkauf, T./C. Steel (Hg.), Platons Timaios als Grundtext der Kosmologie in Spätantike, Mittelalter und Renaissance, Leuven 2005.

Leinkauf, T., Marsilio Ficino und die Renaissance, in: C. Horn/J. Müller/J. Söder (Hg.), Platon-Handbuch. Leben – Werk – Wirkung, Stuttgart 2009, 452-462.

Leinkauf, T., Die Cambridge Platonists, in: C. Horn/J. Müller/J. Söder (Hg.), Platon-Handbuch. Leben – Werk – Wirkung, Stuttgart 2009, 463-474.

Leonhardt, R., Die Bedeutung von Bekenntnissen in Theologie und Kirche zwischen Anspruch der Tradition und aktuellen Herausforderungen, in: J. Herzer/A. Käfer/J. Frey (Hg.), Die Rede von Jesus Christus als Glaubensaussage: der zweite Artikel des Apostolischen Glaubensbekenntnisses im Gespräch zwischen Bibelwissenschaft und Dogmatik (UTB 4903), Tübingen 2018, 55-82.

Leppin, V., Die christliche Mystik (C. H. Beck Wissen 2173), München 2007.

Lessing, G. E., Werke, hg. von Herbert G. Göpfert, München 1970-79.

Leuenberger-Wenger, S., Ethik und christliche Identität bei Gregor von Nyssa (STAC 49), Tübingen 2008.

Lévi-Strauss, C., Das wilde Denken; aus dem Französischen von Hans Naumann (stw 14), Frankfurt a. M. 1973.

Lies, L., Origenes und Reinkarnation, in: ZKTh 121 (1999), 139-158.

Löhr, W., *Basilides* und seine Schule: eine Studie zur Theologie- und Kirchengeschichte des zweiten Jahrhunderts (WUNT 83), Tübingen 1996.

Löhr, W., *Deutungen* der Passion Christi bei Heiden und Christen im zweiten und dritten Jahrhundert, in: J. Frey/J. Schröter (Hg.), Deutungen des Todes Jesu, 2. durchgesehene und mit einer neuen Einleitung versehene Auflage (UTB 2953), Tübingen 2012, 545-576.

Logan, A. H. B., Gnostic Truth and Christian Heresy: a Study in the History of Gnosticism, Edinburgh 1996.

Lona, H., Über die Auferstehung des Fleisches: Studien zur frühchristlichen Eschatologie (BZNW 66), Berlin/New York 1993.

Luhmann, N., Funktion der Religion, Frankfurt a. M. 1997.

Lundhaug, H./J. Lance, The Monastic Origins of the Nag Hammadi Codices (STAC 97), Tübingen 2015.

Luttikhuizen, G. P., Gnostic Revisions of Genesis Stories and Early Jesus Traditions (NHMS 58), Leiden 2006.

Mack, W., Psychologie ohne ‚Seele' und ‚Leib'. Wie es dazu kam, weswegen es aktuell so ist und ob die akademische Psychologie den Begriff der ‚leibbezogenen Seele' braucht, in: J. Dierken/M. D. Krüger (Hg.), Leibbezogene Seele?: Interdisziplinäre Erkundungen eines kaum noch fassbaren Begriffs (Dogmatik in der Moderne 10), Tübingen 2015, 167-194.

Männlein-Robert, I. (Hg.), Die Christen als Bedrohung? Text, Kontext und Wirkung von Porphyrius „Contra Christianos" (Roma Aeterna/Beiträge zu Spätantike und Frühmittelalter 5), Stuttgart 2017.

Mahlmann, T., „Ecclesia semper reformanda". Eine historische Aufarbeitung, in: T. Johansson/R. Kolb/J. A. Steiger (Hg.), Hermeneutica Sacra. Studien zur Auslegung der Heiligen Schrift im 16. und 17. Jahrhundert, Berlin/New York 2010, 382-441.

Maier, G., Das Ende der historisch-kritischen Methode (ABC-Team 901), Wuppertal 1974.

Manning, R. Re u.a. (Hg.), Natural Theology (The Oxford Handbook of Natural Theology), Oxford 2013.

Maritano, M., Giustino Martire, in: Sal. 54 (1992), 231-281.

Markschies, C., Gottes Körper: jüdische, christliche und pagane Gottesvorstellungen in der Antike, München 2016.

Markschies, C., *Valentinus* Gnosticus? Untersuchungen zur valentinianischen Gnosis mit einem Kommentar zu den Fragmenten Valentins (WUNT 65), Tübingen 1992.

Markschies, C., *Art. Innerer Mensch*, in: RAC 18 (1998), 266-312.

Markschies, C., Die *Gnosis* (C. H. Beck Wissen 2173), München 2001.

Markschies, C., Offene Fragen zur historischen und literaturgeschichtlichen Einordnung der *Nag-Hammadi-Schriften*, in: J. Schröter/K. Schwarz (Hg.), Die Nag-Hammadi-Schriften in der Literatur- und Theologiegeschichte des frühen Christentums (STAC 106), Tübingen 2017, 15-36.

Markschies, C., *Art. Origenes*, in: RGG⁴ 6 (2003), 657-662.

Markschies, C., *Origenes*. Leben – Werk – Theologie – Wirkung, in: Ders., Origenes und sein Erbe: gesammelte Studien (TU 160), Berlin/New York 2007, 1-13.

Markschies, C., Models of the relation between '*Apocrypha*' and 'Orthodoxy': from antiquity to modern scholarship, in: T. Nicklas/C. Moss/C. Tuckett/J. Verheyden (Hg.), The other side: apocryphal perspectives on Ancient Christian 'Orthodoxies', Göttingen/Bristol 2017, 13-22.

McDonald, L. M./J. A. Sanders (Hg.), The Canon Debate, Peabody/ MA. 2002.

McLachlan Wilson, R., Art. Gnosis II: Neues Testament/Judentum/Alte Kirche, in: TRE 13 (1984), 535-550.

Meijering, E. P., Die Hellenisierung des Christentums im Urteil Adolf von Harnacks, Amsterdam 2015.

Meissner, H., Rhetorik und Theologie: der Dialog Gregors von Nyssa De anima et resurrectione (Pat. 1), Frankfurt a. M. 1991.

Menke, K.-H., Die Frage nach dem Wesen des Christentums: eine theologiegeschichtliche Analyse (Vorträge; Nordrheinwestfälische Akademie der Wissenschaft; Geisteswissenschaft 395), Paderborn 2005.

Metzler, K., Origenes: Die Kommentierung des Buches Genesis; eingeleitet und übersetzt von Karin Metzler (Orig.WD 1/1), Berlin/New York 2010.

Michaels, A., Reinkarnation – ein morgenländisches „Dogma"?, in: EvErz 47 (1995), 159-171.

Mojsisch, B./O. F. Summerell (Hg.), Platonismus im Idealismus: die platonische Tradition in der klassischen deutschen Philosophie, Berlin 2003.

Mosayebi, B., Die „Definition" der Vernunftreligion, in: O. Höffe (Hg.), Immanuel Kant: Die Religion innerhalb der Grenzen der bloßen Vernunft (Klassiker auslegen 41), Berlin 2011, 249-270.

Müller, S., Die historisch-kritische Methode in den Geistes- und Kulturwissenschaften, Würzburg 2010.

Muth, R., Vom Wesen römischer „religio", in: W. Haase (Hg.), Aufstieg und Niedergang der römischen Welt (Band II.16.1), Berlin 1978, 290-354.

Naurath, E., Art. Seele III: Christentum; IV: Praktisch-theologisch, in: RGG⁴ 7 (2004), 1105-1106.

Neubert, F., Die diskursive Konstitution von Religion, Wiesbaden 2016.

Neudorfer, H. W./E. J. Schnabel, Die Interpretation des Neuen Testaments in Geschichte und Gegenwart, in: H.-W. Neudorfer/E. J. Schnabel (Hg.), Das Studium des Neuen Testaments: Einführung in die Methoden der Exegese, Wuppertal/Gießen 2006, 11-33.

Nicklas, T., Neutestamentlicher *Kanon*, christliche Apokryphen und antik-christliche Erinnerungskulturen, in: NTS 62 (2016), 588-609.

Nicklas, T./J.-M. Roessli (Hg.), Christian *Apocrypha*: Receptions of the New Testament in Ancient Christian Apocrypha (NTP 26), Göttingen 2014.

Nicklas, T./C. Moss/C. Tuckett/J. Verheyden (Hg.), *The other side*: apocryphal perspectives on Ancient Christian 'Orthodoxies', Göttingen/Bristol 2017.

Niebuhr, K.-W., Schriftauslegung in der Begegnung mit dem Evangelium, in: F. Nüssel (Hg.), Schriftauslegung (Themen der Theologie 8 – UTB 3991), Tübingen 2014, 43-103.

Niederwimmer, K., Die Didache (KAV 1), Göttingen 1989.

Nüssel, F. (Hg.), Schriftauslegung (Themen der Theologie 8 – UTB 3991), Tübingen 2014.

Obst, H., Reinkarnation: Weltgeschichte einer Idee (Beck'sche Reihe), München 2009.

Opsomer, J., Platonismus, in: C. Rapp/K. Corcilius (Hg.), Aristoteles Handbuch: Leben – Werk – Wirkung, Stuttgart 2011, 410-416.

Osborn, E., Tertullian: the first theologian of the West, Cambridge 1997.

Pagels, E., Adam, Eva und die Schlange: die Theologie der Sünde, Reinbek 1991.

Pannenberg, W., Systematische Theologie (3 Bd.), Göttingen 1988/1991/1993.

Pannenberg, W., Theologie und Philosophie: ihr Verhältnis im Licht ihrer gemeinsamen Geschichte (UTB 1925), Göttingen 1996.

Pannenberg, W./T. Schneider (Hg.), Verbindliches Zeugnis III (Schriftverständnis und Schriftgebrauch), Göttingen 1998.

Parzany, U., Was nun, Kirche? Ein großes Schiff in Gefahr, Holzgerlingen 2017.

Passian, R., Wiedergeburt: ein Leben oder viele?, München 1996.

Pearson, B. A., Gnosticism as Platonism, in: Ders., Gnosticism, Judaism and Egyptian Christianity, Minneapolis 1990, 148-164.

Perkams, M., Selbstbewusstsein in der Spätantike: die neuplatonischen Kommentare zu Aristoteles „De Anima" (QSGP 85), Berlin u.a. 2008.

Piovanelli, P./T. Burke (Hg.), Rediscovering the Apocryphal Continent: new perspective on early Christian and late antique apocryphal traditions (WUNT 349), Tübingen 2015.

Pohlenz, M., Die Stoa: Geschichte einer geistigen Bewegung, Göttingen 1992[7].

Pollack, D., *Religion* und gesellschaftliche Differenzierung: Studien zum religiösen Wandel in Europa und den USA III, Tübingen 2016.

Pollack, D., *Säkularisierung* – ein moderner Mythos? Studien zum religiösen Wandel in Deutschland, 2., durchgesehene Auflage, Tübingen 2012.

Popkes, E. E., *Erfahrungen* göttlicher Liebe. Band 1: Nahtoderfahrungen als Zugänge zum Platonismus und zum frühen Christentum, Göttingen 2018.

Popkes, E. E., *Jesus* als Begründer eines platonischen Christentums: die Botschaft des Thomasevangeliums (Platonisches Christentum 2), Norderstedt 2019.

Popkes, E. E., *„Religion"* als Arbeitsbegriff neutestamentlich-exegetischer Methodenlehre – eine Problemanzeige, in: M. Oehler/C. Claußen (Hg.), Exegese und Dogmatik: Beiträge zu einer gestörten Beziehung (BThS 107), Neukirchen 2010, 103-124.

Popkes, E. E., „Eingefrorene *Streitgespräche*": Schrifthermeneutik als Kristallisationspunkt frühchristlicher Trennungsprozesse, in: C. Landmesser/E. E. Popkes (Hg.), Verbindlichkeit und Pluralität: Die Schrift in der Praxis des Glaubens; Beiträge der 16. Tagung der Rudolf-Bultmann-Gesellschaft für Hermeneutische Theologie, Leipzig 2015, 97-115.

Porter, S. E./J. T. Reed, Discourse Analysis and the New Testament: Approaches and Results, Sheffield 1999.

Porter, S. E./D. A. Carson (Hg.), Discourse Analysis and other Topics in Biblical Greek (JSNT.S 113), Sheffield 1995.

Pryse, J. M., Reinkarnation im Neuen Testament (übers. und erläut. von Agnes Klein: 4., verb. Auflage), Darmstadt 2005.

Rahner, J., Einführung in die christliche Eschatologie, 2., durchgesehene und aktualisierte Auflage (Grundlagen Theologie), Freiburg/Basel/Wien 2016.

Ramelli, I., The Christian Doctrine of Apokatastasis: a critical Assessment from the New Testament to Eriugena (Vig.Chr.S 120), Leiden 2013.

Reale, G., La Scuola di Atene: una interpretazione storica-hermeneutica, Mailand 2005.

Rebenich, S., Akademie, in: DNP 13 (1999), 40-56.

Reed, A. Y./A. H. Becker (Hg.), The Ways that never parted: Jews and Christians in late antiquity and the early middle ages (TSAJ 95), Tübingen 2003.

Ricken, F., Die ältere Akademie und Aristoteles, in: C. Horn/J. Müller/J. Söder (Hg.), Platon-Handbuch. Leben – Werk – Wirkung, Stuttgart 2009, 387-393.

Riedweg, C., Art. *Seelenwanderung*, in: DNP 11 (2001), 328-330.

Riedweg, C., Das *Origenes-Problem* aus der Sicht eines Klassischen Philologen, in: B. Bäbler/H.-G. Nesselrath (Hg.), Origenes der Christ und Origenes der Platoniker (Studies in Education and Religion in Ancient and Pre-Modern History in the Mediterranean and Its Environs 2), Tübingen 2018, 13-40.

Ritter, A. M., Altchristliche Eschatologie zwischen Bibel und Platon, in: K. Luchner u.a. (Hg.), Synesios von Kyrene: Polis – Freundschaft – Jenseitsstrafen: Briefe an und über Johannes (SAPERE 17), Tübingen 2010, 189-206.

Rösel, M., Übersetzung als Vollendung der Auslegung: Studien zur Genesis-Septuaginta (BZNW 223), Berlin/New York 1994.

Rohls, J., Philosophie und Theologie in Geschichte und Gegenwart, Tübingen 2002.

Rosenau, H., Allversöhnung: ein transzendental-theologischer Grundlegungsversuch (TBT 57), Berlin/New York 1993.

Rudolph, K., Die Gnosis: Wesen und Geschichte einer spätantiken Religion; 3. durchges. und ergänzte Auflage (UTB 1577), Göttingen 1994.

Sachau, R., Weiterleben nach dem *Tod*? Warum immer mehr Menschen an Reinkarnation glauben, Gütersloh 1998.

Sachau, R., Westliche *Reinkarnationsvorstellungen*, Gütersloh 1996.

Scheffczyk, L., Der Reinkarnationsgedanke in der altchristlichen Literatur (SBAW.PH; 1985,4), München 1985.

Schelkshorn, H., Religion in der globalen Moderne: philosophische Erkundungen, Göttingen 2014.

Schenke, H.-M., *Platon,* Politeia 588A-589B (NHC VI,5), in: H.-M. Schenke, Nag Hammadi Deutsch (hrsg. durch die Berlin-Brandenburgische Akademie der Wissenschaften, eingeleitet und übersetzt von Mitgliedern des Berliner Arbeitskreises für Koptisch-Gnostische Schriften; hrsg. von H.-M. Schenke/H.-G. Bethge/U. U. Kaiser), Koptische-gnostische Schriften 3: NHC V,1-XIII,1 (GCS N. F. 12), Berlin/New York 2003, 495-497.

Schenke, H. M., „Der Brief des Rheginus" (NHC I,4) (Die Abhandlung über die Auferstehung), in: Ders./U. U. Kaiser/H.-G. Bethge (Hg.), Nag Hammadi Deutsch (NHC I-XIII, Codex Berolinensis 1 und 4, Codex Tchacos 3 und 4 – Studienausgabe), 3., überarbeitete und erweiterte Auflage, Berlin/Boston 2013, 30-35.

Schleiermacher, F. D. E., Kritische Gesamtausgabe. Abteilung V: Briefwechsel und biographische Dokumente, Bd. 4: Briefwechsel 1800 (hrsg. von A. Arndt/W. Virmond), Berlin/New York 1994.

Schleyer, D., Tertullian: *De Praescriptione Haereticorum* (Vom prinzipiellen Einspruch gegen die Häretiker), übersetzt und eingeleitet von D. Schleyer (FC 42), Turnhout 2002.

Schmidt-Leukel, P., Buddhismus verstehen: Geschichte und Ideenwelt einer ungewöhnlichen Religion, Gütersloh 2017.

Schnelle, U., Die ersten 100 Jahre des Christentums 30-130 n. Chr.: die Entstehungsgeschichte einer Weltreligion (UTB 4411), Göttingen 2016.

Schönborn, C., Quelques notes sur l'attidue de la théologie paléo-chrétienne face à l'incarnation, in: C.-A. Keller (Hg.), La réincarnation (théories, raisonnements et appréciations: un symposium), Bern 1986, 159-180.

Scholz, S., Art. *Diskursanalyse,* in: O. Wischmeyer u.a. (Hg.), Lexikon der Bibelhermeneutik, Berlin u.a. 2009, 136-137.

Scholz, S., *Ideologien* des Verstehens. Eine Diskurskritik der neutestamentlichen Hermeneutiken von Klaus Berger, Elisabeth Schüssler Fiorenza, Peter Stuhlmacher und Hans Weder (NET 13), Tübingen 2008.

Schrage, W., Der erste Brief an die Korinther (EKK 7/1-4), Zürich u.a. 1991/1995/1999/2001.

Schröder, W., Athen und Jerusalem: die philosophische Kritik am Christentum in Antike und Neuzeit (Quaestiones 16), Stuttgart 2011.

Schröder, W., Die Wiederkehr der Verfemten: zur Rezeption von Kelsos, Porphyrios und Julian in der Aufklärung, in: Aufklärung 21 (2009), 29-50.

Schröter, J. (Hg.), Jesus Christus (Themen der Theologie 9 – UTB 4213), Tübingen 2014.

Schröter, J./J. Zangenberg (Hg.), Texte zur Umwelt des Neuen Testaments; 3., gänzlich neu bearbeitete Auflage der von Charles Kingsley Barrett begründeten und von Claus-Jürgen Thornton fortgeführten Sammlung (UTB 3663), Tübingen 2013.

Schröter, M., Aufklärung durch Historisierung: Johann Salomo Semlers Hermeneutik des Christentums (Hallesche Beiträge zur europäischen Aufklärung 44), Berlin/Boston 2012.

Schubbe, D./J. Lemanski/R. Hauswald (Hg.), Warum ist überhaupt etwas und nicht vielmehr nichts? Wandel und Variation einer Frage, Hamburg 2013.

Schüle, A., Kanonisierung als Systembildung: Überlegungen zum Zusammenhang von Tora, Prophetie und Weisheit aus systemtheoretischer Perspektive, in: G. Thomas/A. Schüle (Hg.), Luhmann und die Theologie, Darmstadt 2006.

Schupp, F., Geschichte der Philosophie, Band 1: Antike, Hamburg 2003.

Schwabl, H., Homer und die platonische Seelenlehre, in: J. Holzhausen (Hg.), ψυχή – Seele – anima (FS K. Alt), Stuttgart/Leipzig 1998, 7-36.

Schweizer, E., Art. ψυχή, D. Neues Testament, in: ThWNT 9 (1973), 635-657.

Schwyzer, H.-R., Ammonius Sakkas, der Lehrer Plotins (Vorträge der Rheinisch-Westfälischen Akademie der Wissenschaften; Geisteswissenschaften; 260. Sitzung), Opladen 1983.

Seebass, H., Art. נֶפֶשׁ/næpæš, in: ThWAT 5 (1986), 531-555.

Sellin, G., Der Streit um die Auferstehung der Toten: eine religionsgeschichtliche und exegetische Untersuchung von 1 Korinther 15 (FRLANT 138), Göttingen 1986.

Shields, C., Seele, in: C. Rapp/K. Corcilius (Hg.), Aristoteles Handbuch: Leben – Werk – Wirkung, Stuttgart 2011, 313-323.

Siri, J./T. Robnik/K. Möller (Hg.), Systemtheorie und Gesellschaftskritik: Perspektiven der Kritischen Systemtheorie, Bielefeld 2016.

Smith, A., Porphyrii Philosophi fragmenta. Fragmenta Arabica David Wasserstein interpretante (BSGRT), Berlin 1993.

Starnitzke, D., Die binäre Codierung der christlichen Religion aus theologisch-exegetischer Sicht, in: G. Thomas/Λ. Schüle (Hg.), Luhmann und die Theologie, Darmstadt 2006, 173-188.

Steiner, P. M./A. Arndt/J. Jantzen (Hg.), Friedrich Schleiermacher: Über die Philosophie Platons; hrsg. und eingeleitet von P. M. Steiner; mit Beiträgen von Andreas Arndt und Jörg Jantzen (Meiners Philosophische Bibliothek 486), Hamburg 1996.

Steiner, R., Grundelemente der Esoterik: Notizen von einem esoterischen Lehrgang in Form von 31 Vorträgen (gehalten in Berlin vom 26. September bis 5. November 1905), Dornach/Schweiz 1987[3].

Stevenson, I., Reinkarnation in Europa: dokumentierte Fälle (übersetzt von K. Friedrich), Grafing 2014.

Stevenson, I., Wiedergeburt: Kinder erinnern sich an frühere Erdenleben (übersetzt von U. Lauther), Frankfurt a.M. 1992.

von Stietencron, H., Der Begriff der Religion in der Religionswissenschaft, in: W. Kerber (Hg.), Der Begriff der Religion, München 1993, 111-158.

Stock, W.-M., Theurgisches Denken: zur „Kirchlichen Hierarchie" des Dionysius Areopagita (Transformationen der Antike 4), Berlin/New York 2008.

Stolz, F., Grundzüge der Religionswissenschaft; 2., überarb. Aufl. (UTB für Wissenschaft 1980), Göttingen 1997.

von Stritzky, M.-B., Die Bedeutung der Phaidrosinterpretation für die Apokatastasislehre des Origenes, in: VigChr 31 (1977), 282-297.

Strutwolf, H., Gnosis als System. Zur Rezeption der valentinianischen Gnosis bei Origenes (FKDG 56), Göttingen 1993.

Theissen, G., Wie wurden urchristliche Texte zur Heiligen Schrift? Kanonizität als literaturgeschichtliches Problem, in: E.-M. Becker/S. Scholz (Hg.), Kanon in Konstruktion und Dekonstruktion: Kanonisierungsprozesse religiöser Texte von der Antike bis zur Gegenwart: ein Handbuch, Berlin/Boston 2012, 423-448.

Thimme, W./C. Andresen, Aurelius Augustinus: Vom Gottesstaat. Band 1: Buch 1-10; übersetzt von W. Thimme; eingeleitet und erläutert von C. Andresen; 2. vollständig überarbeitete Auflage (Die Bibliothek der Alten Welt: Reihe Antike und Christentum), Zürich/München 1978.

Thomas, G./A. Schüle, Einleitung: *Perspektiven* der theologischen Rezeption Niklas Luhmanns, in: G. Thomas/A. Schüle (Hg.), Luhmann und die Theologie, Darmstadt 2006, 1-12.

Thomas, G./A. Schüle (Hg.), Luhmann und die *Theologie*, Darmstadt 2006.

Tietz, C., Systematisch-theologische Perspektiven zur Trinitätslehre, in: V. H. Drecoll (Hg.), Trinität (Themen der Theologie 2), Tübingen 2011, 63-193.

Tornau, C., *Kirchenväter*, in: C. Horn/J. Müller/J. Söder (Hg.), Platon-Handbuch. Leben – Werk – Wirkung, Stuttgart 2009, 421-433.

Tornau, C., *Plotin*: ausgewählte Schriften: herausgegeben, übersetzt und kommentiert von C. Tornau (Reclams Universal-Bibliothek 18153), Stuttgart 2001.

Tröger, K.-W., Die Gnosis: Heilslehre und Ketzerglaube (Herder-Spektrum 4953), Freiburg i. B. 2001.

Tuninetti, L. F., Scholastik, in: C. Rapp/K. Corcilius (Hg.), Aristoteles Handbuch: Leben – Werk – Wirkung, Stuttgart 2011, 428-436.

Ulrich, J., Euseb von Caesarea und die Juden: Studien zur Rolle der Juden in der Theologie des Eusebius von Caesarea (PTS 49), Berlin/New York 1999.

Vegge, T., Paulus und das antike Schulwesen: Schule und Bildung des Paulus (BZNW 134), Berlin/Boston 2006.

Villani, A., Platon und der Platonismus in Origenes' *Contra Celsum*, in: B. Bäbler/H.-G. Nesselrath (Hg.), Origenes der Christ und Origenes der Platoniker (Studies in Education and Religion in Ancient and Pre-Modern History in the Mediterranean and Its Environs 2), Tübingen 2018, 109-128.

Vogel, M., Der *Tod* im Neuen Testament vor dem Hintergrund antiker *ars moriendi*, in: U. Volp (Hg.), Tod (Themen der Theologie 12/UTB 4887), 57-115.

Vogel, M., *Commentatio mortis*. 2Kor 5,1–10 auf dem Hintergrund antiker *ars moriendi* (FRLANT 214), Göttingen 2006.

Vollenweider, S., Reinkarnation – ein abendländisches Erbstück?, in: Ders., Horizonte neutestamentlicher Christologie. Studien zu Paulus und zur frühchristlichen Theologie (WUNT 144), Tübingen 2002, 327-346.

Volp, U., Der menschliche Tod in den christlichen Gemeinden. Kirchengeschichtliche Perspektiven, in: Ders. (Hg.), Tod (Themen der Theologie 12/UTB 4887), 117-161.

Vorgrimler, H., Art. Purgatorium, in: RGG⁴ 6 (2003), 1828-1831.

Wagner, F., Auch der Teufel zitiert die Bibel: das Christentum zwischen Autoritätsanspruch und Krise des Schriftprinzips, in: R. Ziegert (Hg.), Die Zukunft des Schriftprinzips (Bibel im Gespräch 2), Stuttgart 1994.

Waldschmidt, A., Der Human-Genetik-Diskurs der Experten: Erfahrungen mit dem Werkzeugkasten der Diskursanalyse, in: Dies., Handbuch Sozialwissenschaftliche Diskursanalyse. Band 2: Forschungspraxis (Interdisziplinäre Diskursforschung), Wiesbaden 2010⁴, 149-170.

Watts, E., Justinian, Malalas, and the End of Athenian Philosophical Teaching in AD 529, in: JRS 94 (2004), 168-182.

Watts, E., Hypatia: the Life and Legend of an Ancient Philosopher, Oxford/New York 2017.

Weiss, H.-F., Frühes Christentum und Gnosis: eine rezeptionsgeschichtliche Studie (WUNT 225), Tübingen 2008.

Welker, M. (Hg.), Theorie und funktionale Systemtheorie: Luhmanns Religionssoziologie in theologischer Diskussion (stw 495), Frankfurt a.M. 1985.

Wenz, G., Schöpfung: protologische Fallstudien (Studium Systematische Theologie 7), Göttingen 2013.

Westermann, C., Art. שׁפֶנ/næpæš, in: THAT 2² (1979), 71-96.

Wilckens, U., Theologie des Neuen Testaments; Band III: Historische Kritik der historisch-kritischen Exegese; von der Aufklärung bis zur Gegenwart, Göttingen 2017.

Williams, M., Rethinking ‚Gnosticism‘. An argument for dismantling a dubious category, Princeton 1996.

Winston, D., The Wisdom of Salomon. A new translation with introduction and commentary (Ancb 43), Garden City 1979.

Wischmeyer, O., Kanon und Hermeneutik in Zeiten der Dekonstruktion. Was die neutestamentliche Wissenschaft gegenwärtig hermeneutisch leisten kann, in: E.-M. Becker/S. Scholz (Hg.), Kanon in Konstruktion und Dekonstruktion: Kanonisierungsprozesse religiöser Texte von der Antike bis zur Gegenwart: ein Handbuch, Berlin/Boston 2012, 623-678.

Wöhrle, G./O. Hellmann, Schulen und Epochen, in: C. Rapp/K. Corcilius (Hg.), Aristoteles Handbuch: Leben – Werk – Wirkung, Stuttgart 2011, 405-409.

Wright, N. T., The Resurrection of the Son of God. Volume III of Christian Origins and the Question of God, London 2003.

Wyrwa, D., Die christliche Platonaneignung in den Stromateis des Clemens von Alexandrien (AKG 53), Berlin 1983.

Zachhuber, J., Die Seele als Dynamis bei Gregor von Nyssa. Überlegungen zur Schrift „De anima et resurrectione", in: C. Sedmak/M. Bogaczyk-Vormayr (Hg.), Patristik und Resilienz. Frühchristliche Einsichten in die Seelenkraft, Berlin 2012.

Ziebritzki, H., Heiliger Geist und Weltseele. Das Problem der dritten Hypostase bei Origenes, Plotin und ihren Vorläufern (BHTh 84), Tübingen 1994.

Zumstein, J., Art. Seele; III: Christentum; 1. Neues Testament, in: RGG[4] 7 (2004), 1100f.